O DILEMA FISCAL
REMENDAR OU REFORMAR?

FERNANDO REZENDE
FABRÍCIO OLIVEIRA
ERIKA ARAUJO

O DILEMA FISCAL
REMENDAR OU REFORMAR?

ISBN — 978-85-225-0618-7

Copyright © Confederação Nacional da Indústria — CNI

CONFEDERAÇÃO NACIONAL DA INDÚSTRIA — CNI

Presidente: Armando de Queiroz Monteiro Neto

Diretoria Executiva — Direx

Diretor: José Augusto Coelho Fernandes

Diretor de Operações: Rafael Esmeraldo Lucchesi Ramacciotti

Diretor de Operações Institucionais: Marco Antonio Reis Guarita

Direitos desta edição reservados à
EDITORA FGV
Rua Jornalista Orlando Dantas, 37
22231-010 — Rio de Janeiro, RJ — Brasil
Tels.: 0800-21-7777 — 21-2559-4427
Fax: 21-2559-4430
e-mail: editora@fgv.br
web site: www.editora.fgv.br
Impresso no Brasil / *Printed in Brazil*
Todos os direitos reservados. A reprodução não autorizada desta publicação, no todo ou em parte, constitui violação do copyright (Lei nº 9.610/98).

Os conceitos emitidos neste livro são de inteira responsabilidade dos autores.

1ª edição — 2007

Reimpressão — 2008

PREPARAÇÃO DE ORIGINAIS: Mariflor Rocha

EDITORAÇÃO ELETRÔNICA: FA Editoração

REVISÃO: Fatima Caroni e Tatiana Viana

CAPA: Inventum Design

Ficha catalográfica elaborada pela
Biblioteca Mario Henrique Simonsen

Silva, Fernando Antonio Rezende da
 O dilema fiscal: remendar ou reformar? / Fernando Rezende, Fabrício Oliveira, Erika Araujo. – Rio de Janeiro : Editora FGV, 2007.
 208 p.

Inclui bibliografia.

 1. Reforma tributária – Brasil. 2. Política tributária – Brasil. I. Oliveira, Fabrício Augusto de, 1947- . II. Araujo, Erika Amorim. III. Fundação Getulio Vargas. IV. Título.

CDD – 336.200981

Sumário

Advertência aos leitores 7

Apresentação 9

Introdução – As múltiplas faces do problema fiscal brasileiro e a necessidade de uma reforma abrangente 11
    O sistema tributário dual 12
    O conflito entre previdência e saúde e o abandono do conceito de seguridade social 15
    Deterioração da qualidade da tributação e desequilíbrios federativos 16
    Para desatar o nó fiscal precisamos de uma reforma abrangente 19
    O efeito cremalheira 20
    As múltiplas faces do problema fiscal 23
    O Plano Real e o plano fiscal 24
    A proposta do plano fiscal contempla e facilita a reforma da previdência 25

Capítulo 1 – Os desajustes do ajuste 29
    O dilema fiscal 29
    Por que não dá para esperar 33

O ajuste que desajusta   41
Os desajustes e a gestão pública   73
Apêndice – O efeito cremalheira: uma demonstração   79

Capítulo 2 – Das origens do sistema tributário dual   83
O ovo da serpente: o processo constituinte, a Constituição de 1988 e suas conseqüências imediatas (1988-93)   83
Euforia e crise: o Plano Real e o agravamento dos problemas fiscais (1994-98)   102
Conseqüências da vulnerabilidade externa e da fragilidade fiscal: aprofundamento do ajuste e ampliação das distorções (1999-2002)   124
O governo Lula e a resposta às desconfianças: a manutenção do mesmo padrão de ajuste (2003-06)   138

Capítulo 3 – Da necessidade de desatar o nó fiscal amarrado em 1988   155
A velocidade das transformações e o tempo das reformas   155
A revisão do federalismo fiscal e a redução dos antagonismos   160
Os caminhos da reforma   164

Conclusão – O plano fiscal   171
A reforma abrangente facilita a reforma da previdência e o corte de gastos   173
E amplia o espaço para a negociação de conflitos   173
Os passos para um novo plano fiscal   174

Referências bibliográficas   177

Anexo estatístico   185

Advertência aos leitores

Os originais deste livro foram concluídos antes da revisão das contas nacionais promovida pelo IBGE, que elevou as estimativas para o PIB brasileiro. Em virtude dessa revisão, os índices que relacionam as principais variáveis fiscais ao PIB, como a carga tributária, o endividamento e os principais componentes do gasto público, apresentam-se atualmente inferiores aos contidos nos vários capítulos que compõem este livro. No entanto, considerando que isso não tem qualquer implicação para os resultados das análises e tampouco para suas conclusões, optamos por manter o texto na forma original para evitar maiores atrasos na sua publicação.

Apresentação

A reforma fiscal é fundamental para aumentar o potencial de crescimento da economia brasileira. Sem uma reforma que remova as causas do aumento dos gastos públicos, abra espaço para a queda da carga tributária e a modernização dos tributos, elimine as causas do antagonismo na federação e concorra para elevar a eficiência das políticas publicas, o Brasil corre o risco de perder contato com o pelotão dos países emergentes que lidera a corrida do crescimento.

A despeito do consenso sobre a necessidade de reformar as instituições fiscais, é grande a divergência de opiniões sobre o melhor caminho a ser percorrido e essa divergência reflete a complexidade das questões abrangidas por essa reforma.

A tese desenvolvida neste livro é a de que a reforma precisa ser abrangente. Os diversos problemas tributários e fiscais não são isolados. São componentes das múltiplas faces da questão fiscal brasileira.

As soluções para reverter o crescimento dos gastos correntes, eliminar as disfunções do sistema tributário sobre a competitividade, promover o equilíbrio e a coesão da federação e contribuir para a eficiência da gestão pública passam pela eliminação das causas dos problemas apontados. Isto requer desatar o nó fiscal atado durante os trabalhos de elaboração da Constituição de 1988.

O enfoque é inovador e, portanto, capaz de gerar grande polêmica. Contém sugestões de mudança que implicam substituir a prorrogação de arranjos artificiais e transitórios que sustentaram o ajuste fiscal dos últimos anos por alterações que visam promover um ajuste estrutural das finanças públicas nacionais. Essas sugestões seriam o objeto de um plano fiscal, a ser implementado no prazo de uma década, no qual a transição para um novo modelo buscaria garantir a indispensável sustentação das metas estabelecidas para o ajuste fiscal.

Embora a transição possa parecer demasiadamente longa, sem ela não há como promover mudanças estruturais. Se aprovarmos o plano agora, os frutos poderão ser colhidos no início da próxima década.

A realização de estudos como os que serviram de base à elaboração deste livro é uma prioridade da Confederação Nacional da Indústria e da Ação Empresarial. A CNI, ao contribuir para esta publicação, espera estimular o debate sobre a importância de avançarmos mais rapidamente na construção de instituições fiscais compatíveis com as exigências da competitividade e crescimento da economia brasileira.

Armando Monteiro Neto
Presidente da CNI

Jorge Gerdau Johannpeter
Coordenador da Ação Empresarial

Introdução

As múltiplas faces do problema fiscal brasileiro e a necessidade de uma reforma abrangente

Duas forças importantes moldaram os trabalhos da Assembléia Nacional Constituinte e tiveram influência marcante em decisões relevantes para o sistema tributário e a federação. De um lado, a demanda de estados e municípios por autonomia financeira, indispensável para sancionar a autonomia política readquirida nas últimas etapas da transição do regime militar para a democracia, com as eleições diretas para governadores em 1982. De outro, a pressão dos movimentos sociais por universalização dos direitos da cidadania, vista por muitos como condição necessária para reverter a trajetória de um crescimento socialmente excludente verificado nos ciclos anteriores de expansão da economia brasileira.

As demandas por autonomia financeira foram atendidas mediante ampliação das bases tributárias de estados e municípios e forte ampliação das percentagens da receita dos principais impostos federais repartidas com esses entes federados mediante fundos constitucionais. A primeira, por meio da incorporação ao antigo imposto estadual (imposto sobre circulação de mercadorias – ICM) de bases tributárias até então exclusivamente tributadas pelo governo federal – como os combustíveis, a energia elétrica e as telecomunicações, além da ampliação da lista dos serviços tributados pelos municípios –, atendia aos estados mais desenvolvidos e aos municípios de maior porte. A segunda garantia aportes significativos de receita tributária aos estados de menor desenvolvimento e aos municípios de pequeno porte.

No campo dos direitos sociais, a palavra de ordem era diversificar as fontes de financiamento para evitar a dependência de contribuições sobre a folha de salários, mais sensível aos ciclos da economia, e proteger os recursos da seguridade social, que universalizava o acesso à previdência, saúde e assistência da conhecida interferência do Tesouro Nacional. Presentes nessa preocupação estavam as repetidas reclamações de antigos representantes da previdência a respeito do desvio de seus recursos para financiar outros gastos, como, por exemplo, a construção de Brasília e a hidrelétrica de Itaipu. Em decorrência, o art. 195 da Constituição Federal criou novas fontes de financiamento e instituiu a figura do Orçamento da Seguridade Social.

O sistema tributário dual

Instaurava-se, portanto, a dualidade tributária que deu à luz irmãos siameses. O sistema tributário e o regime de financiamento da seguridade social, embora concebidos para serem independentes, acabaram nascendo unidos pelo abdômen. Desde então, o crescimento da seguridade provocou a atrofia da federação. Com o crescimento das contribuições para a seguridade, a qualidade da tributação foi se deteriorando, ao mesmo tempo em que o objetivo de reforçar a federação, conforme a intenção dos constituintes, foi sendo progressivamente abandonado.

Figura 1
A Constituinte de 1988 e as origens do problema fiscal

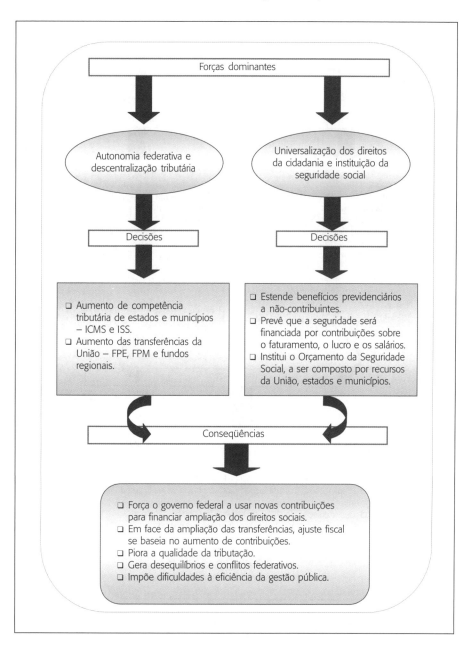

Figura 2
O sistema tributário dual

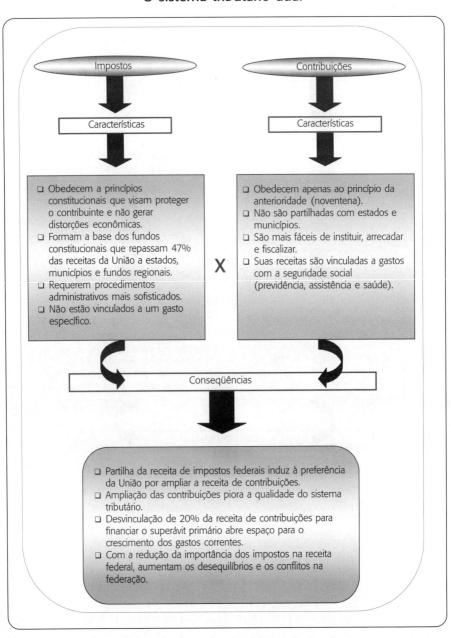

Os problemas gerados pelo sistema tributário dual começaram a se manifestar desde o início. Com as receitas federais reduzidas pela descentralização promovida no capítulo tributário da Constituição, o crescimento dos compromissos financeiros decorrentes da ampliação dos direitos sociais levou à imediata instituição pelo governo federal das novas contribuições previstas no capítulo 195 da Constituição, passando o novo orçamento da seguridade social a ser constituído pelas antigas contribuições previdenciárias incidentes sobre os salários e as novas contribuições sobre o faturamento e o lucro das empresas.[1]

Com a regulamentação dos novos dispositivos constitucionais, os gastos previdenciários, aí incluídos os pagamentos da aposentadoria rural e da renda mínima garantida a idosos e pessoas portadoras de deficiências, passaram a pressionar os recursos da seguridade, ocasionando duras reações dos movimentos ligados à saúde com respeito ao não-cumprimento de um acordo tacitamente estabelecido, mediante o qual 30% dos recursos da seguridade deveriam ser aplicados no desenvolvimento e na melhoria do Sistema Único de Saúde recém-implantado.

O conflito entre previdência e saúde e o abandono do conceito de seguridade social

O conflito entre a previdência e a saúde expunha uma deficiência básica da proposta do orçamento da seguridade social como mecanismo de garantia financeira das ações por ele compreendidas: a reunião de direitos de natureza distinta sob uma mesma forma de garantia. Como é impossível delimitar o tamanho da conta a ser paga em decorrência do crescimento de benefícios por lei concedidos a aposentados e pensionistas, quanto maior for o tamanho dessa conta, menor será a quantidade

---

[1] A rigor a proposta da seguridade social previa que estados e municípios também contribuíssem para o financiamento da universalização dos direitos sociais por meio de aportes financeiros ao Orçamento da Seguridade Social, mas a inviabilidade dessa proposta conjugada com a crise econômica que se estabeleceu logo em seguida à promulgação da Constituição fizeram com que essa intenção nunca se concretizasse.

de recursos disponíveis para financiar os compromissos assumidos com a saúde pública e a assistência social. Em outras palavras, direitos individuais se sobrepõem a direitos coletivos quando ambos estão acomodados em um mesmo regime de financiamento.

Nos primeiros anos do Plano Real, as distorções geradas pelo sistema tributário dual continuaram a se acumular e a um ritmo mais forte. Com a vitória sobre a inflação, o ajuste fiscal passava a depender de providências mais efetivas para eliminar os desequilíbrios orçamentários, já que a corrosão inflacionária das despesas deixava de exercer este papel. Assim, e apesar de novos aumentos nas contribuições para reforçar o caixa da União, juntamente com a desvinculação de 20% de todas as receitas federais para reduzir os desequilíbrios, a dívida pública explodiu alimentada por juros elevados e por uma maior liberalidade na administração dos gastos.

A assinatura de contratos de renegociação das dívidas estaduais e dos municípios de São Paulo e Rio de Janeiro com instituições financeiras federais trouxe alívio momentâneo para as finanças desses entes federados, mas o término do prazo de carência contido nesses contratos desnudou a real situação das finanças estaduais. Com o comportamento das arrecadações contido pela marcha lenta em que se moveu a economia e pelo menor dinamismo dos fundos constitucionais, o enfraquecimento dos estados se revelava por meio de perda dos ganhos que haviam obtido nos primeiros anos subseqüentes à promulgação da nova Constituição.

Deterioração da qualidade da tributação e desequilíbrios federativos

Juntamente com a deterioração da qualidade da tributação, que acompanhava o crescimento de tributos cumulativos, perniciosos à eficiência da economia, os desequilíbrios federativos iam se acumulando, mas a um ritmo que ainda não era suficiente para deixar a descoberto o tamanho do problema que estava sendo criado. Com o abandono da âncora cambial como base de sustentação da estabilidade monetária e a adoção do regime de metas de inflação apoiado em aperto fiscal e metas duras de geração de superávits primários a situação se agravou, como veremos nos próximos capítulos deste livro.

O abandono da âncora cambial forçou a adoção de uma política fiscal mais rigorosa no segundo mandato do presidente Fernando Henrique Cardoso, que foi mantida no governo do presidente Lula. Nos dois casos, a dificuldade em promover a contenção dos gastos jogou toda a responsabilidade pela geração de superávits fiscais nas costas dos responsáveis pela arrecadação. Fortes aumentos nos tributos, promovidos pela revisão das bases de incidência das contribuições, aumento de alíquotas e sucessivas prorrogações de medidas supostamente transitórias foram promovidos, acentuando o desequilíbrio entre o crescimento das contribuições e o comportamento dos impostos de competência do governo federal.

Em conseqüência, a carga tributária saltou de 29,6% do PIB (em 1998) para 38,9% em 2005, segundo estimativas independentes – um nível equivalente ao registrado para a média dos países desenvolvidos e uma vez e meia maior do que o padrão para os países em desenvolvimento. Apesar das pressões em contrário e da resistência da sociedade a novos aumentos de tributos, a proposta orçamentária do governo federal para 2007 projeta um aumento de arrecadação de aproximadamente 0,2 ponto percentual do PIB, indicando que, na ausência de medidas para conter o crescimento dos gastos, o ajuste fiscal continuará se apoiando no incremento da tributação.

Nesse contexto, propostas voltadas para conter a expansão dos gastos passaram a dominar os debates recentes sobre a questão fiscal. Como os principais responsáveis pela expansão recente dos gastos públicos situam-se no âmbito dos programas abrangidos pela seguridade social – notadamente os benefícios previdenciários e assistenciais –, é para eles que se dirige o foco dos analistas. Assim, na ausência de reformas que contenham a expansão dos benefícios mencionados ficaria impossível abrir espaço para a redução da carga tributária e a retomada dos investimentos públicos, em face da necessidade de sustentar os compromissos assumidos com a responsabilidade fiscal.

Por mais cristalina que seja a argumentação que suporta tal posição, não é possível ignorar as dificuldades envolvidas na aprovação de uma reforma previdenciária que traga os resultados esperados. De início, cabe ressaltar que quando se propõe reformar a previdência social, dela separando os chamados benefícios assistenciais, estamos, na verdade, falando de abandonar o conceito de seguridade social adotado na Constituição de 1988, que instituiu a universalização dos direitos de cidadania, pelo qual todo o cidadão, independentemente de qualquer contribuição específica, passava a contar com a proteção do Estado em caso de velhice ou invalidez. Não por acaso, a reforma da previdência foi excluída da agenda das eleições presidenciais de 2006.

De outra parte, ainda que seja possível aprovar uma reforma que reduza amplamente os direitos previdenciários, o impacto sobre os gastos públicos não se faria sentir de imediato, e sim de forma gradual. De acordo com simulações contidas em estudos incorporados ao Plano Diretor do Mercado de Capitais, reformas abrangentes na previdência social produziriam efeitos lentos e de baixa magnitude sobre os gastos correntes do governo federal, adiando por mais de uma década a resposta às demandas pela modernização do sistema tributário. Efeitos maiores e mais rápidos só seriam alcançados se a economia crescesse a taxas maiores, mas como aumentar o crescimento sem a redução da carga tributária e a melhoria da qualidade da tributação?

Diante dessa perspectiva, constata-se uma forte contradição. Nas várias enquetes promovidas pelas entidades empresariais, a reforma tributária é vista como a mais importante para destravar o crescimento da economia, mas um número significativo de lideranças políticas e empresariais, de representantes da academia, e mesmo de algumas autoridades públicas, aderem à tese de que primeiro é necessário reformar a previdência para depois cuidar da tributação. A despeito das dificuldades conhecidas, cabe avaliar os riscos de tal atitude, tendo em conta inclusive a volatilidade do cenário internacional e o atraso que o Brasil já acumula com respeito à posição alcançada pelas principais economias emergentes.

Para desatar o nó fiscal precisamos de uma reforma abrangente

O principal problema que a proposta de reformas parciais e implementadas seqüencialmente apresenta – primeiro a previdenciária e depois a tributária – é que ela ignora o fato de que a expansão dos benefícios previdenciários, o engessamento do orçamento, o tamanho e a qualidade da tributação, os conflitos federativos e a ineficiência da gestão são, na verdade, manifestações das múltiplas faces do problema fiscal brasileiro que foram se deteriorando em conseqüência da incapacidade que o país teve para desatar o nó fiscal atado na Constituição de 1988.

Esse nó tem origem na dualidade tributária já mencionada, que acarretou distorções que foram se acentuando à medida que a necessidade de promover o ajuste fiscal por meio da geração de elevados e crescentes superávits fiscais jogou nas costas dos responsáveis pela arrecadação federal a responsabilidade por gerar os superávits requeridos. Com isso, as contribuições foram adquirindo importância crescente na composição da receita federal e já superam, hoje em dia, o total arrecadado por meio dos impostos.

Essa opção, embora eficiente do ponto de vista das metas do ajuste fiscal, tinha um grave inconveniente. É que sendo as receitas derivadas da expansão das contribuições vinculadas a gastos com a seguridade social, tornava-se necessário adotar medidas para permitir que elas fossem utilizadas para sustentar os superávits fiscais, o que foi feito por meio de sucessivas emendas constitucionais que desvincularam 20% das receitas assim obtidas. Mas aí outro problema apareceu. Ao aumentar as contribuições para gerar os superávits, o governo gerou também o próprio aumento dos gastos, visto que os 80% que permanecem vinculados abriram espaço para o crescimento dos gastos abrangidos pela seguridade social, uma vez que só aí podiam ser aplicados.

Aí reside a explicação para o fato apontado no início desta introdução com respeito aos itens que mais contribuíram para a expansão dos gastos públicos na última década. Não foi por acaso que os benefícios previdenciários e os programas sociais apresentaram um crescimento superior ao crescimento do PIB. Foi porque a receita das contribuições sociais, que também cresceu acima do PIB para financiar os superávits fiscais, abriu o espaço para o aumento desses gastos.

O efeito cremalheira

Cabe atentar, portanto, para o fato de que a natureza do ajuste fiscal promovido desde 1999 gera um efeito cremalheira, analisado em detalhes no próximo capítulo e que consiste em: cada aumento na arrecadação de contribuições sociais corresponde a um acréscimo das despesas de natureza obrigatória, o que implica a necessidade de um novo aumento de arrecadação para sustentar o superávit primário no nível desejado. Em conseqüência, o aumento da carga tributária, o engessamento do orçamento e a perda de qualidade do sistema tributário acompanham a subida da ladeira.

Assim, ao mesmo tempo em que o ajuste fiscal promovido nos últimos anos foi responsável pelo extraordinário crescimento da carga tributária, ele também responde pela crescente dificuldade para reverter esse crescimento. Trata-se, na verdade, de uma situação onde o "cachorro corre atrás do rabo". Nesse círculo vicioso, o elevado nível de despesas de execução obrigatória dificulta a promoção do ajuste fiscal mediante corte de gastos. Para contornar a dificuldade, a saída encontrada é aumentar a carga tributária. Como o aumento, em geral, é processado por meio de receitas vinculadas, aumenta o grau de engessamento do orçamento, o que, num momento posterior, irá requerer nova elevação da arrecadação.

Essa é a essência do dilema fiscal. Mantido o foco da reforma na macroeconomia, melhorias na qualidade do sistema tributário e na eficiência da gestão pública continuariam aprisionadas em espaços estreitos. Dada a necessidade de ampliar investimentos, a impossibilidade de reduzir a carga tributária de modo significativo levaria à continuidade dos ajustes pontuais nos impostos e contribuições para ir removendo, gradualmente, as distorções mais relevantes. No tocante à gestão pública, os problemas causados pela distância entre o financiamento (recursos centralizados) e a gestão das políticas sociais (descentralizada) continuariam impondo dificuldades à eficiência e à eficácia do gasto.

INTRODUÇÃO 21

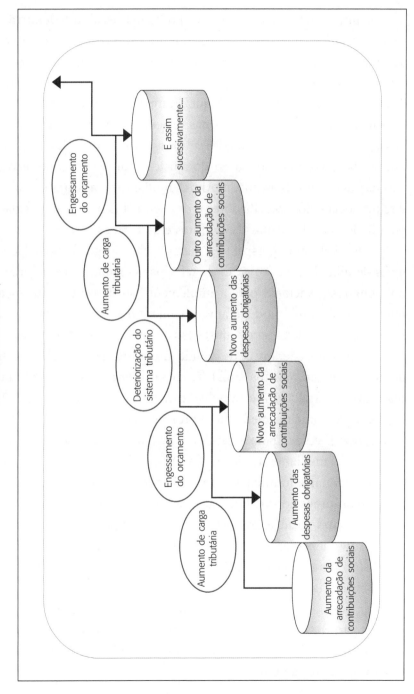

Figura 3
Efeito cremalheira

Outra dimensão relevante do problema fiscal, a federativa – cuja solução é importante para resolver questões fundamentais como a plena desoneração das exportações, o desincentivo ao aumento da agregação de valor à produção primária exportada e o fim da guerra fiscal –, também ficaria para depois. O receio de que a ampliação da agenda de reformas, para incluir ajustes importantes nas relações fiscais intergovernamentais, possa criar maiores dificuldades à aprovação de medidas consideradas prioritárias para a consolidação do ajuste fiscal macroeconômico é real, mas não deve ser sobrestimado. Afinal, mudanças em regras que afetam os direitos sociais dos trabalhadores e de segmentos menos privilegiados da população não são isentas de conflitos e de reações.

Vista sob outra perspectiva, a ampliação da agenda pode facilitar ao invés de dificultar a aprovação de reformas polêmicas, ao angariar apoio no Congresso Nacional para a implementação de outras mudanças que interessam ao equilíbrio federativo, facilitam o andamento da reforma tributária e contribuem para o ajuste estrutural das contas públicas.

A questão federativa é de grande importância para avaliar as chances de aprovação da reforma fiscal. Com a rigidez orçamentária atando a mão dos governadores, é pouco provável que a proposta de reduzir a rigidez do orçamento mediante a prorrogação e ampliação da DRU não gere novas pressões para estender a mesma medida aos estados e aos municípios, mediante a adoção da DRE e da DRM (desvinculação da receita estadual e municipal), aumentando a reação dos setores sociais que seriam prejudicados (educação e saúde, principalmente).

De outra parte, a proposta de uniformização do imposto sobre circulação de mercadorias e prestação de serviços (ICMS) e a eliminação das distorções provocadas pelas diferenças de alíquotas aplicadas a operações interestaduais, com a adoção do princípio do destino na cobrança desse imposto, tem poucas chances de prosperar na ausência de mudanças nas partilhas de receitas e nas transferências intergovernamentais de recursos, de modo a reequilibrar a repartição do bolo tributário entre os estados e os municípios.

As múltiplas faces do problema fiscal

Com a persistência no mesmo padrão de ajuste adotado a partir dos primeiros anos do Plano Real, as múltiplas faces do problema fiscal foram se tornando mais nítidas e revelando sua matriz comum: o recurso ao aumento das contribuições vinculadas à seguridade social para sustentar as metas fiscais. Nesse processo, a participação dos estados no bolo tributário nacional continuou encolhendo enquanto a dos municípios permanecia subindo, configurando um peculiar arranjo federativo no qual o esvaziamento do poder dos estados para organizar as ações executadas por distintos agentes públicos no seu território constitui um sério embaraço para os objetivos de aumentar a eficiência e a eficácia das políticas públicas.

A cada aperto do parafuso fiscal, com a necessidade de geração de superávits mais elevados para superar recorrentes crises internacionais, a face orçamentária tornava-se mais rígida e a face tributária cada vez mais distorcida. Ao mesmo tempo, a face federativa ficava mais desequilibrada e a face da gestão pública mais envelhecida.

Não obstante o caráter multifacetado do problema fiscal brasileiro, persiste uma enorme desconfiança a respeito da viabilidade política de uma reforma abrangente. Essa desconfiança conduz a certa resignação. Não sendo possível promover a reforma que se faz necessária, restaria apostar todas as fichas em um projeto gradual de mudanças. Nesse projeto, o esforço inicial estaria voltado para implementar reformas parciais com o objetivo de conter a expansão dos gastos, na esperança de que isso abriria o espaço para futuras reduções da carga tributária e novos avanços no sentido de eliminar as principais distorções que os tributos existentes provocam à luz das preocupações com a competitividade da produção nacional.

No entanto, cabe indagar por que é mais fácil acreditar que reformas parciais impopulares e politicamente sensíveis, como as que defendem o corte de benefícios previdenciários e assistenciais e a limitação dos gastos com a saúde, sejam vistas como uma opção de menor risco, em comparação com uma reforma abrangente que substitua arranjos provisórios por um novo plano fiscal.

O medo do desconhecido pode ser uma explicação. Mudanças abrangentes podem trazer riscos desconhecidos, o que dificulta a obtenção de uma posição monolítica por parte do setor empresarial. O receio de que dificuldades políticas possam inviabilizar a aprovação de uma ampla reforma fiscal também pode conduzir a uma preferência não revelada pela continuidade de mudanças pontuais voltadas para corrigir as principais distorções conhecidas (desoneração das exportações e dos investimentos, por exemplo).

A principal dificuldade de uma reforma fiscal abrangente não é promovê-la e sim ter a disposição de enfrentá-la. Por motivos diversos, todos receiam tomar a iniciativa de propô-la. Governos por receio de perda de arrecadação. Empresários por medo de que ela gere efeito oposto, isto é, mais e maiores impostos. No entanto, é preciso olhar o problema sob outra perspectiva. A insistência na continuidade do atual padrão de ajuste não é uma estratégia isenta de riscos, o maior deles sendo a rejeição de propostas que viabilizariam o ajuste estrutural das contas públicas.

O Plano Real e o plano fiscal

A rigor, o debate sobre o problema fiscal brasileiro se assemelha ao que ocorria por ocasião das fracassadas tentativas de resolver o problema inflacionário. Então, como agora, medidas heterodoxas de fôlego curto não solucionavam o problema e criavam novas distorções. Só com o sucessivo fracasso de planos que buscavam conter a inflação por meio do confisco de rendas e do congelamento de preços, e com a ameaça de uma hiperinflação, é que se tornou possível levar adiante a proposta do Plano Real.

O Plano Real matou a inflação, mas ao não ser acompanhado por um plano fiscal manteve a economia refém de baixas taxas de crescimento. O complemento do Plano Real é o plano fiscal. Não é novidade. A necessidade de corrigir os desequilíbrios fiscais era apontada desde o início como um complemento indispensável do Plano Real. Contudo, ao optar por ajustes provisórios e de fôlego curto, a exemplo das tentativas heterodoxas de combate à inflação, o Brasil matou a inflação, mas debilitou o crescimento. Está na hora de corrigir este equívoco.

A proposta do plano fiscal contempla e facilita a reforma da previdência

A proposta de um novo plano fiscal não exclui a necessidade de reformar a previdência e nem de abandonar a tese de que é necessário conter os gastos de custeio para viabilizar a redução da carga tributária. Ao contrário, ela pode facilitar o alcance desse objetivo. Por quê? Por várias razões, entre elas:

- ela parte do reconhecimento oficial de que a proposta da seguridade social, tal como concebida pelo Congresso Constituinte, já foi há muito abandonada e, portanto, o modelo do financiamento criado com essa finalidade não mais se justifica;
- com esse reconhecimento, a dualidade tributária que gerou as distorções assinaladas ao longo deste livro perde sentido e o divórcio entre previdência e assistência passa a ser oficialmente sancionado;
- com a extinção da dualidade tributária, as contribuições previdenciárias reassumiriam seu caráter parafiscal e as demais contribuições para a seguridade seriam incorporadas ao capítulo tributário, eliminando a fonte de retroalimentação do gasto (o efeito cremalheira) e de conflitos federativos que impedem o avanço da reforma tributária.

Conforme se verá exaustivamente demonstrado neste livro, a essência da proposta de um novo plano fiscal está em desatar o nó que foi amarrado durante os trabalhos de elaboração da Constituição de 1988. Desde então, os sucessivos fracassos das propostas de reforma e a recorrente prorrogação de medidas supostamente provisórias foram contribuindo para aumentar a carga tributária, deteriorar a qualidade dos tributos, acentuar os antagonismos na federação e impor crescentes dificuldades à eficiência da gestão pública.

À luz desse diagnóstico, cabe refletir sobre as alternativas de reforma que estão sobre a mesa. Uma aposta todas as fichas na instauração de um esperado círculo virtuoso de mudanças, que a partir da reforma previdenciária conduziria a cortes nos gastos e posterior redução da carga tributária, com melhorias na qualidade dos tributos cobrados pelo governo. Outra, advoga a tese de que a proposta de reformas seqüenciais, além de depender da aprovação de medidas altamente impopulares e politicamente sensíveis, é vulnerável a mudanças no cenário econômico internacional e adia por um prazo demasiadamente longo o atendimento da principal reivindicação da sociedade brasileira: a realização de uma reforma tributária que estimule o crescimento da economia.

A opção pela segunda alternativa não exclui a primeira. Ao contrário, pode tornar mais fácil sua aprovação. Isso porque ao invés de um confronto direto entre aqueles que defendem a revisão dos direitos sociais e os que se mobilizam para defender esses direitos, como ocorre na hipótese de pôr a reforma da previdência em primeiro plano, ela põe todas as cartas na mesa de uma só vez, fazendo com que o confronto direto seja substituído por uma múltipla negociação de interesses, na qual:

- a necessidade de conciliar a responsabilidade fiscal com a preservação de garantias de atendimento dos direitos sociais, o equilíbrio federativo e a modernização tributária amplia as chances de negociação dos conflitos envolvidos;
- o reconhecimento de que a solução dos problemas sociais não depende apenas de garantia de recursos federais, mas também da eficiência com que esses recursos são aplicados nos níveis estadual e municipal, alarga o foco da discussão a respeito das garantias sociais para incluir também a questão da melhoria na gestão do gasto.

Outras vantagens da opção por um plano fiscal são exploradas neste livro, que conclui com recomendações a respeito das medidas que deveriam ser adotadas para promovê-lo. Claro está que a proposta do plano fiscal não defende uma ruptura imediata com o modelo vigente, o que de resto seria impossível. Nesse sentido, no rol das medidas sugeridas, uma atenção especial é dispensada a aspectos relacionados ao processo de transição.

Capítulo 1

Os desajustes do ajuste

De como o padrão do ajuste fiscal adotado nos últimos anos se transformou na razão principal do próprio desajuste das contas públicas, do sistema tributário e da federação.

O dilema fiscal

Somente a realização de uma reforma fiscal abrangente, que seja capaz de promover amplas mudanças nos mecanismos de financiamento das políticas públicas, poderá tornar compatível o avanço simultâneo das reformas estruturais indispensáveis ao desenvolvimento brasileiro.

A carga tributária asfixia a economia, mas as metas fiscais e a rigidez do orçamento inviabilizam sua redução e a modernização dos impostos.

O principal fator de vulnerabilidade da economia brasileira hoje em dia situa-se na precariedade do ajuste fiscal. É a fragilidade desse ajuste que impede uma queda mais rápida da taxa de juros e uma menor dependência de aumento nos impostos e contribuições para manter a relação entre a dívida pública e o PIB sob controle. Assim, só mediante reformas institucionais que eliminem os fatores de pressão sobre os gastos e viabilizem sua contenção seria possível abrir espaços para a reativação dos investimentos e para adequar o sistema tributário às exigências da competitividade global.

Das análises que se fazem sobre os principais responsáveis pelo crescimento recente dos gastos surge o grande vilão: a previdência. Os benefícios previdenciários, ampliados pela carta constitucional de 1988 e turbinados pela vinculação do seu piso ao salário mínimo, foram responsáveis por mais de 91% do crescimento das despesas primárias da União entre 1998 e 2005. Juntamente com a expansão dos programas assistenciais que transferem recursos diretamente a famílias pobres (bolsas) e as despesas da saúde, eles explicaram a totalidade da pressão exercida sobre o orçamento federal no período citado (tabela 1).

Tabela 1
Despesas primárias do governo federal por área de atuação, 1998-2005 (em % do PIB)

	1998	2005	Variação 2005-1998 Em pontos percentuais do PIB	Responsabilidade pela variação (%)
Despesas primárias	21,01	23,02	2,01	100
Previdência social	8,09	9,92	1,83	91
Benefícios previdenciários + RMV	5,70	7,67	1,98	98
Pessoal inativo da União	2,40	2,25	−0,15	−7
Loas + Bolsa Escola	0,34	0,72	0,38	19
Programa de saúde	1,69	1,86	0,17	9
SUS	0,51	1,16	0,65	33
Demais despesas	1,18	0,70	−0,48	−24
Seguro-desemprego e abono	0,51	0,59	0,08	4
Demais despesas	10,39	9,93	−0,46	−23

Obs.: Os gastos previdenciários incluem os benefícios pagos aos trabalhadores inscritos no regime geral de previdência (INSS), as aposentadorias relativas aos inativos da União e os pagamentos de benefícios a pessoas idosas e portadores de deficiência (RMV).

Identificado o vilão, urge combatê-lo. Para tanto, seria necessário cortar suas fontes de crescimento, quer dizer, é preciso rever as regras que facilitam o aumento do número de beneficiários e que determinam o reajuste do valor dos benefícios. Nisso se concentram as propostas de reforma da previdência, que recomendam, entre outras mudanças, acabar com aposentadorias precoces, eliminar vantagens concedidas a mulheres e desvincular o piso previdenciário do salário mínimo. Se devidamente implementada, essa reforma permitiria reverter no longo prazo a trajetória de crescimento dos gastos com a previdência, de modo a abrir espaço para a gradual recuperação do investimento público e a posterior revisão dos tributos.

Os efeitos de uma reforma previdenciária sobre os gastos são lentos

O impacto de uma reforma previdenciária que contemple o receituário conhecido não se faz sentir de imediato. Simulações contidas em estudo recente (Delfim Netto e Giambiagi, 2005) demonstraram que as alterações mencionadas fariam com que o gasto corrente do governo federal em 2016 caísse para 16,5% do PIB – 1 ponto percentual inferior aos níveis atuais –, o que, mantida a carga tributária federal em 19,30% do PIB, permitiria que os investimentos públicos subissem gradualmente até atingir 2,12% do PIB em 2016. Nesse caso, se toda a contenção no custeio for direcionada para aumentar os investimentos, a redução da carga tributária só poderia se dar daqui a 10 anos.[2]

---

[2] Como as fontes são distintas, os dados citados neste parágrafo podem ser um pouco diferentes dos mencionados neste livro.

Proposta mais radical de mudança na previdência, elaborada pela Fipe/USP para a Fecomércio,[3] sugere, segundo as simulações feitas, que o país precisaria de uma década para reduzir os gastos previdenciários de 12% para 9% do PIB. Mais do que isso, só revendo os direitos adquiridos que, por essa proposta, seriam mantidos.

Resultados mais rápidos poderiam ser alcançados se a reforma previdenciária fosse acompanhada de medidas voltadas para aumentar a eficiência da gestão pública e, portanto, para reduzir o desperdício. Apesar da necessidade de melhorar a gestão do gasto público, é pouco provável que o resultado de providências voltadas para este objetivo também se faça sentir, de maneira expressiva, no curto prazo.

Nessa perspectiva, na melhor das hipóteses a reforma tributária ficaria para a próxima década, mas essa é a reforma que segundo os empresários teria o maior efeito de estimular os investimentos e destravar o crescimento. Assim, como esperar sete anos mais para tornar o sistema tributário brasileiro compatível com as exigências da competitividade global?

As propostas que focalizam a macroeconomia fiscal tornam a reforma tributária refém da reforma previdenciária, que é politicamente sensível e cujos resultados não são imediatos. Além disso, elas abordam os problemas fiscais como se suas causas fossem independentes, ignorando o fato de que a expansão dos benefícios previdenciários, o engessamento do orçamento, o tamanho e a qualidade da tributação, os conflitos federativos e a ineficiência da gestão são, na verdade, conseqüências da incapacidade que o país teve para desatar o nó fiscal atado na Constituição de 1988.

---

[3] A rigor, a proposta elaborada pela Fipe não contempla uma reforma e sim um projeto de acabar com a previdência. No futuro, não haveria mais contribuições à previdência e caberia ao Estado apenas pagar, com recursos do orçamento, uma Renda Básica de Idosos (RBI) igual a um terço da renda *per capita* nacional (um salário mínimo de hoje) a todos que completassem 65 anos de idade. A esse montante, os empregados do setor formal e os servidores públicos poderiam acrescentar uma aposentadoria derivada de seu saldo no FGTS, e quem tivesse condição para tanto deveria buscar a previdência complementar privada. Outros riscos de perda de renda familiar – morte, invalidez, doença – não estariam mais cobertos pelo Estado (apenas a velhice, e, mesmo assim, nos níveis acima mencionados).

Com a descentralização dos tributos, promovida para atender as demandas da federação, e a instituição da seguridade social, criada como resposta às pressões dos movimentos sociais por universalização dos direitos de cidadania, a Constituição promulgada em 1988 criou um sistema tributário dual que acarretou as distorções atuais. Assim, ao contrário do que tem sido sugerido, é a ampla reforma dos mecanismos de financiamento das políticas públicas que, ao desatar o nó fiscal mencionado, poderá tornar compatível o avanço simultâneo das reformas estruturais indispensáveis ao desenvolvimento brasileiro.

Por que não dá para esperar

Na natureza do ajuste fiscal promovido a partir de 1999 reside a essência do dilema fiscal vivido pelo país. Ao mesmo tempo em que o ajuste foi o responsável pelo extraordinário aumento da carga tributária, ele também respondeu pela crescente dificuldade para reverter esse crescimento. O problema é que o aumento da carga tem se processado através da arrecadação de tributos de má qualidade, que afetam negativamente a eficiência e competitividade do setor produtivo nacional.

A carga tributária brasileira atingiu em 2005 o maior nível já observado na história do país (38,9% do PIB), equivalente ao que se observa em boa parte das economias avançadas, mas as condições de vida da nossa população (medidas pelo índice de desenvolvimento humano – IDH) estão próximas das verificadas em economias emergentes (figuras 4 e 5).

Além do pífio resultado que apresenta à luz do retorno que oferece à população, a receita do setor público brasileiro está fortemente concentrada em tributos sobre a produção e comercialização de bens em serviços, os quais respondem pela metade da carga tributária global.[4]

---

[4] O Brasil não possui uma metodologia oficial para apuração da carga tributária. Vários órgãos, públicos e privados, seguem critérios próprios de cálculo e, por esta razão, os valores por eles divulgados apresentam pequenas diferenças entre si.

Figura 4
Carga tributária média de países selecionados (em % do PIB)

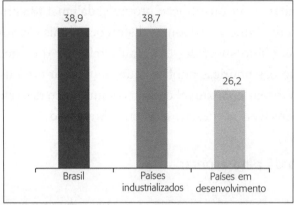

Fontes: Tabelas A2 e A3 do anexo estatístico.

Figura 5
Índice de desenvolvimento humano (IDH) de países selecionados

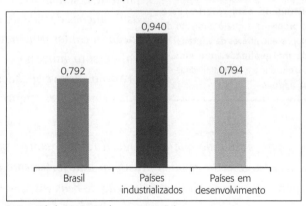

Fontes: Tabelas A2 e A3 do anexo estatístico.

A série de carga tributária apresentada neste documento foi construída a partir de trabalhos realizados no âmbito da extinta Secretaria para Assuntos Fiscais do BNDES e dos resultados produzidos por Afonso e Meirelles (2006). Os critérios de apuração obedeceram à metodologia da contabilidade nacional, que considera tributo os recursos que o Estado extrai compulsoriamente da sociedade – sejam impostos, taxas ou contribuições (sociais e econômicas).

Figura 6
Tributação e competitividade

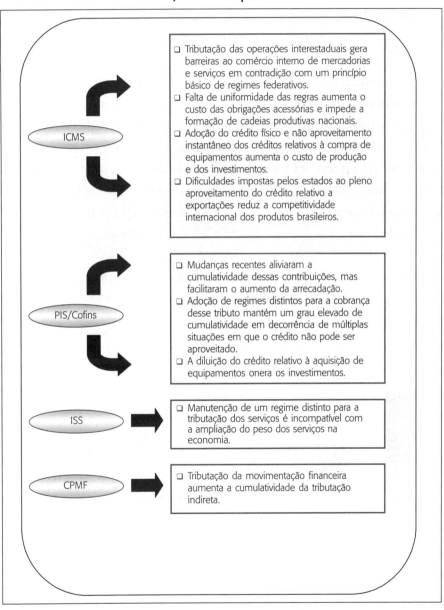

A figura 7 mostra que os produtos e serviços nacionais suportam um ônus fiscal bem maior do que o arcado por esses mesmos bens tanto nos países industrializados quanto nos países em desenvolvimento.

A qualidade da tributação brasileira sobre bens e serviços também é pior. Boa parte dos impostos e contribuições exigidos ainda incide de forma cumulativa, afetando negativamente a competitividade dos produtos nacionais tanto no mercado externo quanto no interno. Ademais, mesmo os tributos que em tese não são cumulativos, como é o caso do ICMS, também acarretam distorções econômicas, provocadas pela concentração da arrecadação em insumos básicos, diferenças de alíquotas interestaduais, adoção do crédito físico e obstáculos ao aproveitamento dos créditos tributários relativos a mercadorias exportadas.

Figura 7
**Carga tributária média de países selecionados (em % do PIB)
Distribuição por bases de incidência**

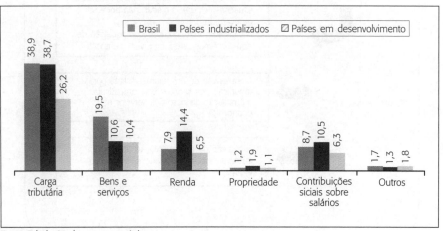

Fonte: Tabela A2 do anexo estatístico.

O nível atual da carga tributária reflete um movimento que teve início em 1999, quando a mudança do regime cambial fez com que a manutenção da estabilidade dos preços passasse a estar intimamente atrelada ao manejo responsável das contas públicas. Desde então, o estabelecimento de metas cada vez mais elevadas de superávit primário se tornou um imperativo para evitar que o descontrole fiscal terminasse gerando pressões inflacionárias.

Restrições e dificuldades para alcançar as metas estabelecidas para o superávit primário mediante o corte de gastos jogaram nas costas dos responsáveis pela arrecadação a tarefa de aumentar a receita para garantir o incremento da poupança fiscal. Assim, uma parcela cada vez maior do produto da economia vem sendo compulsoriamente transferida para o setor público por meio do pagamento de impostos, taxas e contribuições. Daí o extraordinário crescimento de mais de 9 pontos percentuais da carga tributária que ocorreu ao longo dos últimos oito anos (figura 8).

À medida que a carga tributária se aproxima da barreira psicológica dos 40%, cresce a expectativa de que o governo brasileiro enfrente resistências cada vez maiores para sustentar o ajuste fiscal mediante novos aumentos de carga tributária. Daí a ênfase recém-atribuída à necessidade de promover cortes nos gastos e a mobilização da sociedade para que isso aconteça.

Apesar de óbvia, a recomendação de concentrar nos gastos o foco das ações necessárias para sustentar o ajuste fiscal encontra severas limitações. Em qualquer país do mundo, cortar gastos é uma tarefa que exige uma difícil negociação política. De um lado, o corte de despesas sempre provoca reações dos setores prejudicados, o que pesa na avaliação do desempenho do governante. De outro, as parcelas mais expressivas do gasto são geralmente protegidas por dispositivos legais, tornando necessário implementar reformas institucionais para viabilizar sua redução.

Entre cortar gastos, uma ação de grande visibilidade e que afeta beneficiários conhecidos, e aumentar tributos indiretos, cujo impacto é difuso e pouco transparente, a tendência a optar pela segunda alternativa é evidente.

Figura 8
Carga tributária 1998-2005 (em % do PIB)

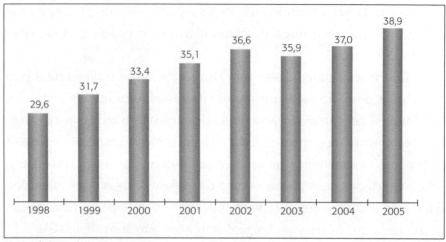

Fonte: Tabela A1 do anexo estatístico.

No Brasil, a flexibilidade para cortar despesas foi severamente afetada pela Constituição, que ampliou os dispêndios de execução obrigatória e a vinculação das receitas públicas. Com a universalização dos direitos sociais básicos, ela abriu o caminho para a criação de uma série de novas obrigações nas três áreas abrangidas pela seguridade social. Com o aumento da partilha de impostos com estados e municípios, ampliou as vinculações. Para atender as obrigações com a seguridade social, novas fontes cativas de financiamento foram criadas, fazendo com que as contribuições sociais – antes restritas à folha salarial – fossem estendidas ao faturamento e ao lucro das empresas.

As novas contribuições sociais – chamadas ao longo deste livro de contribuições sociais gerais[5] – não obedecem às mesmas regras e princípios aplicados aos impostos indiretos, embora na prática não se diferen-

---

[5] Nessa categoria estão inseridos: o PIS/Pasep, a Cofins (antigo Finsocial), a CSLL e a CPMF. Entre essas contribuições, apenas o PIS/Pasep não é vinculado ao financiamento das ações inscritas na seguridade social.

ciem deles, a não ser pela vinculação do produto de sua arrecadação ao custeio da seguridade social.[6]

De início, o recurso às novas contribuições sociais foi motivado pela necessidade de custear encargos anteriormente inexistentes. No entanto, à medida que o ajuste das contas públicas se tornou um imperativo, as maiores facilidades para ampliar esses tributos fizeram com que eles passassem a ser os preferidos pelos administradores tributários para cumprir sua missão: gerar receitas para sustentar o ajuste fiscal. Com o aumento das despesas obrigatórias, a rápida expansão dessas contribuições conduziu à situação atual em que elas já superam a receita obtida pelos demais impostos federais (figura 9).

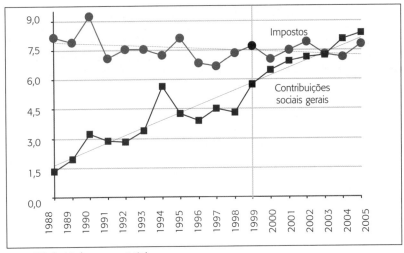

Figura 9
Arrecadação de impostos e contribuições sociais gerais – 1988-2005 (% do PIB)

Fonte: Tabela A9 do anexo estatístico.

---

[6] Por exemplo, a instituição de uma nova contribuição não precisa respeitar o princípio da anualidade, segundo o qual não pode ser cobrado um novo tributo no mesmo exercício fiscal da sua criação. Além disso, elas não integram a base dos fundos de partilha da receita federal com governos subnacionais, como ocorre em relação aos principais impostos de competência federal.

Desvinculação: uma solução, novos problemas

Um problema ainda precisava ser resolvido. A receita das contribuições sociais permanecia vinculada a gastos com a seguridade social. Para que pudesse ser também utilizada para sustentar o ajuste fiscal, sucessivas emendas à Constituição tiveram que ser aprovadas, de modo a transformar parte dessas receitas em recursos ordinários do Tesouro (ver quadro 1). *No entanto, a desvinculação de 20% dessas receitas resolvia um problema, mas criava outro maior, pois 80% delas permanecem vinculados e só podem ser aplicados nos programas abrangidos pela seguridade social. Assim, a maneira pela qual o ajuste fiscal foi promovido acabou por ampliar ainda mais a participação de dispêndios obrigatórios no orçamento.*

Quadro 1
Desvinculação das receitas tributárias

Com a criação do Fundo Social de Emergência (FSE), instituído pela Emenda Constitucional de Revisão nº 01/94, o governo federal deu início à estratégia adotada de liberar parte das receitas vinculadas para promover o ajuste fiscal. O FSE tornou obrigatória a desvinculação de 20% do produto da arrecadação de todos os impostos e contribuições federais.

O FSE foi instituído em caráter emergencial para vigorar no biênio 1994/95 e deveria, portanto, representar um mecanismo temporário de ajuste das contas públicas. A solução definitiva viria com uma reforma fiscal que promovesse a desvinculação dos recursos.

A reforma não aconteceu e o FSE foi substituído pelo Fundo de Estabilização Fiscal (FEF), que durou até 1999 (EC nº 10/96 e EC nº 17/97). Segundo justificativa oficial, a instituição do FEF tinha como objetivo "aumentar a arrecadação e permitir maior flexibilização do orçamento a partir da desvinculação de 20% das receitas federais (impostos e contribuições), que ficariam livres para serem alocadas em destinações diferentes das estipuladas na legislação vigente" (MPOG, 2003:14).

A prorrogação do FEF encontrou resistências de estados e municípios, uma vez que ele também reduzia suas receitas de transferências federais. Assim, a partir de 2000 (EC nº 27/00), o FEF foi substituído pela DRU.

A DRU se diferencia do FEF apenas por não reduzir o valor de transferências constitucionais para os governos subnacionais. A DRU, prevista para durar até dezembro de 2003, foi prorrogada até dezembro de 2007 (EC nº 42/03).

Fonte: Araujo (2006).

Na forma como o ajuste fiscal foi conduzido reside a essência do dilema fiscal. Ao mesmo tempo em que foi o responsável pelo extraordinário aumento da carga tributária, ele também respondeu pela crescente dificuldade para reverter esse crescimento. Trata-se, na verdade, de uma situação onde o "cachorro corre atrás do rabo".

Nesse círculo vicioso, o elevado nível de despesas de execução obrigatória dificulta a promoção do ajuste pelo corte de gastos. Para contornar a dificuldade, a saída encontrada é aumentar a carga tributária. Como o aumento, em geral, é processado por meio de receitas vinculadas, aumenta o grau de engessamento do orçamento o que, num momento posterior, irá requerer nova elevação da arrecadação.

O ajuste que desajusta

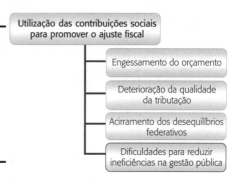

Ao utilizar as contribuições sociais para promover o ajuste fiscal, o governo federal plantou a semente que levaria ao maior engessamento do orçamento e à deterioração da qualidade da tributação. De quebra, acentuou os desequilíbrios federativos e criou maiores dificuldades para reduzir ineficiências na gestão pública.

O destaque desta seção alerta para a tese que é o seu título. Cabe explicar detalhadamente como isso aconteceu.

Como os números apresentados na figura 10 mostram, a obtenção de receitas primárias sistematicamente superiores ao crescimento dos gastos do governo federal corresponde aos elevados superávits registrados nas contas fiscais da União desde 1999, quando a âncora fiscal passou a substituir o câmbio como base de sustentação da estabilidade monetária e eles se tornaram necessários para evitar o crescimento descontrolado da dívida pública.[7]

---

[7] A tabela A4 do anexo apresenta os resultados primários obtidos por todo o setor público de 1995 até 2005. As tabelas A5 até A8 desagregam as receitas e despesas não-financeiras da União por diversas óticas.

Por sua vez, o incremento das receitas primárias foi preponderantemente explicado pela elevação da arrecadação de contribuições sociais gerais. Tais contribuições (PIS/Pasep, contribuição para o financiamento da seguridade social – Cofins –, contribuição social sobre o lucro líquido – CSLL – e contribuição provisória sobre movimentação financeira – CPMF) que em 1998 (ano anterior ao ajuste), representavam pouco mais da metade do que foi coletado pela União de impostos, em 2005 já superavam, como vimos, a arrecadação dos principais impostos de competência do governo federal.

Figura 10
Ajuste fiscal do governo federal – 1995-2005 (em % do PIB)

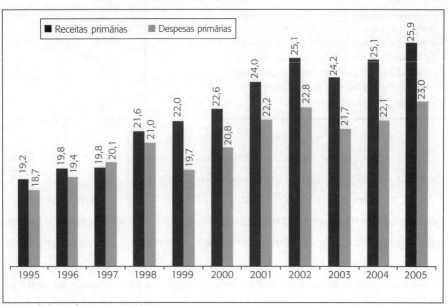

Fonte: Tabela A5 do anexo estatístico.

O desajuste das contas públicas

Há três razões para a preferência atribuída às contribuições sociais gerais para incrementar a receita da União:

❑ maiores facilidades que apresentam em relação aos impostos (não se submetem ao principio da anualidade e à regra da não-cumulatividade);
❑ sua arrecadação não é automaticamente partilhada com os governos subnacionais;
❑ apresenta maior facilidade administrativa, que se traduz em elevada produtividade fiscal.

No entanto, tais vantagens cobram seu preço. Ao desvincular um quinto das receitas geradas pelas contribuições para produzir o superávit necessário nas contas da União, a maior parte – quatro quintos – tem que, por força da Constituição, ser aplicada nas áreas de assistência, previdência social e saúde, concorrendo para o crescimento desses gastos.

Não por acaso, portanto, entre os itens que mais pressionaram os gastos federais pós-1999 encontram-se aqueles financiados com recursos das contribuições – os benefícios previdenciários e as transferências do SUS a estados e municípios para financiar a prestação da descentralização dos serviços de saúde. As despesas discricionárias, principalmente os investimentos, e mesmo os gastos com o funcionalismo, que dependem da política salarial adotada pelo governo, foram contidos. O quadro 2 apresenta mais detalhes sobre os repasses do SUS.[8]

Quadro 2
O Sistema Único de Saúde (SUS)

A Constituição consolidou um Sistema Único de Saúde (SUS), tendo como princípios básicos a universalização do acesso e a descentralização na execução.
Na montagem do SUS, o fortalecimento da gestão descentralizada – especialmente no âmbito municipal – é peça fundamental para assegurar o acesso integral da população às medidas dirigidas à promoção, proteção e recuperação da saúde.
Para fortalecer a descentralização foi necessário organizar um sistema regular de repasses de recursos da União para os governos subnacionais. Atualmente, tais transferências representam mais de 70% do orçamento do Ministério da Saúde.
Em 2003, segundo dados do Ministério da Saúde, 90% da população brasileira eram, de algum modo, usuários do sistema, sendo que 28,6% eram usuários exclusivos e o restante combinava a utilização do SUS com alguma outra forma de atenção à saúde.
Em 2004, 98% dos municípios brasileiros já são gestores plenos da atenção básica ou do sistema de saúde.

Fonte: Ministério da Saúde (2003 e 2004).

---

[8] As tabelas A5 e A6 do anexo ilustram os comentários feitos neste parágrafo.

A relação entre o crescimento da receita oriunda da cobrança das contribuições sociais e a expansão dos gastos com os programas abrangidos pela seguridade social fica ainda mais evidente quando as despesas são distribuídas por área de atuação, como é apresentado na figura 11. Nessa figura, além dos gastos relacionados com a seguridade, foram computados os pagamentos de seguro-desemprego e abono salarial que são financiados pelo PIS/Pasep.[9]

No quadriênio 1995-98, as contribuições sociais se mostraram insuficientes para cobrir os gastos por elas financiados. O fim da inflação, que não mais permitiu a erosão do valor real das despesas, os aumentos do salário mínimo e o início do pagamento dos benefícios relativos à Lei Orgânica da Assistência Social (Loas) contribuíram para esse desequilíbrio.[10] Note que em 1999 as contribuições sociais ainda eram insuficientes para financiar os gastos nas áreas da seguridade e com seguro-desemprego, porém em proporção menor do que a observada no quadriênio anterior. Depois desse ano, a arrecadação das contribuições passou a superar os mencionados gastos, o que evidencia a importância que adquiriu para o programa de ajuste fiscal.

---

[9] A maior parte das despesas listadas na figura 11 está inscrita no artigo da Constituição que trata da seguridade social (art. 194) e, em princípio, deveria ser financiada pelas contribuições sociais a ela vinculadas (Cofins, CSLL, CPMF e pagamentos ao INSS, entre outras) e por recursos fiscais provenientes dos orçamentos das três esferas de governo (art. 195 da Constituição). Na prática, porém, o que se observou foi a centralização do financiamento nas mãos do governo federal pela cobrança de contribuições sociais em detrimento da participação dos recursos fiscais.
Com o objetivo de facilitar a exposição, os dispêndios com seguro-desemprego e abono salarial foram simplesmente chamados de seguro-desemprego na figura 11. Para maiores detalhes sobre as despesas computadas nessa figura, ver tabelas A7 e A8 do anexo.
[10] Essa lei foi criada em 1993 com o objetivo de garantir um salário mínimo mensal à pessoa portadora de deficiência e ao idoso com 67 anos ou mais, que comprove não possuir meios de prover a própria manutenção e nem de tê-la provida por sua família. O início do pagamento dos benefícios se deu efetivamente em 1996 (MPOG, 2003).

Figura 11
**Contribuições sociais e gastos com seguridade social
e seguro-desemprego – 1995-2005**
(% do PIB)

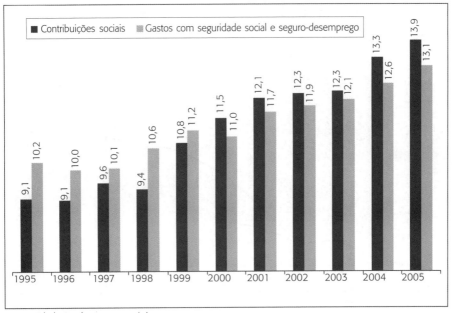

Fonte: Tabela A7 do anexo estatístico.

O efeito cremalheira

A natureza do ajuste fiscal promovido desde 1999 gera um efeito cremalheira: a cada aumento na arrecadação de contribuições sociais corresponde um acréscimo das despesas de natureza obrigatória, o que implica a necessidade de um aumento posterior ainda maior de arrecadação para sustentar o superávit primário no nível desejado (figura 12). Em conseqüência, o aumento da carga tributária, o engessamento do orçamento e a perda de qualidade do sistema tributário acompanham a subida da ladeira.[11]

---

[11] O efeito cremalheira é demonstrado no apêndice deste capítulo.

Figura 12
Evolução da arrecadação de contribuições sociais e dos gastos com seguridade social e seguro-desemprego – 1995-2005*

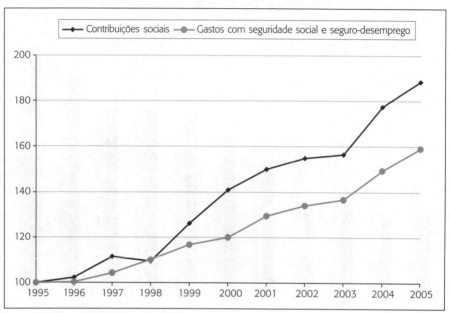

Fonte: Tabela A8 do anexo estatístico.
* Índice calculado com base em valores corrigidos pelo deflator implícito do PIB (1995 = 100).

Resumindo, o ajuste fiscal promovido a partir de 1999, além de não ter superado um enorme obstáculo criado pela Constituição – a ampliação do rol de despesas obrigatórias que engessam o orçamento –, agrava o problema. *Na natureza do ajuste, portanto, reside a própria causa do desajuste das contas públicas. Se esse mecanismo não for eliminado, um ajuste que era para ter caráter provisório vai gerar um desequilíbrio de caráter permanente.*

O desajuste da economia

A outra face do desajuste é a que exibe as distorções que se acumularam na tributação criando severos obstáculos à competitividade da produção nacional.

A composição da carga tributária brasileira revela que, a despeito do grande número de impostos e contribuições existentes no país, a arrecadação concentra-se em alguns deles. Em 2005, um quinto da receita foi proveniente de um único imposto, o ICMS. Nesse mesmo ano, os 10 principais tributos listados na figura 13 foram responsáveis por mais de 80% da arrecadação total.

Figura 13
Distribuição da carga tributária por principais tributos – 2005 (total = 38,9% do PIB)

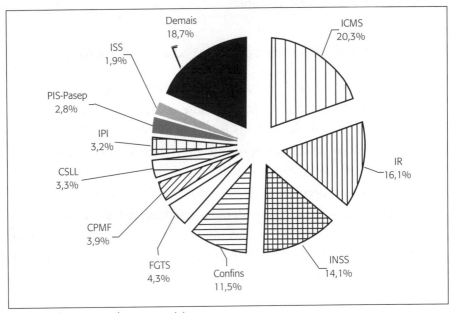

Fontes: Tabelas A9 e A10 do anexo estatístico.

No grupo dos 10 maiores tributos, chama atenção a predominância de gravames incidentes sobre bens e serviços – ICMS, Cofins, CPMF, imposto sobre produtos industrializados (IPI), PIS[12] e imposto sobre serviços de

---

[12] Para facilitar a exposição, a sigla PIS poderá ser utilizada em substituição à sigla PIS/Pasep.

qualquer natureza (ISS) – que somados arrecadaram cerca de 16,9% do PIB e representaram pouco menos da metade (44%) da carga tributária total.[13]

Dos tributos sobre bens e serviços destacados na figura 14, apenas o IPI e o ICMS se aproximam do paradigma teórico de impostos que não geram distorções econômicas. O ISS e a CPMF incidem em cascata, embora sua imposição seja restrita a serviços e movimentação financeira, respectivamente. O PIS/Pasep e a Cofins, que até 2002 eram cobrados de modo cumulativo, sofreram mudanças recentes que instituíram regimes distintos: uma parte das receitas é recolhida sobre uma base que é próxima do valor agregado, mas para uma grande parcela de contribuintes a incidência permanece em cascata.

A multiplicidade de gravames sobre mercadorias e serviços

Atualmente, o Brasil conta com três grandes categorias de tributação das vendas domésticas: impostos sobre o valor adicionado, tributos cumulativos, e contribuições híbridas. O ICMS e o IPI fazem parte da primeira categoria. As duas outras, que se referem a incidências em cascata (ISS, imposto sobre operações de crédito, câmbio e seguro, ou relativas a títulos e valores mobiliários – IOF e CPMF) e a contribuições híbridas (PIS e Cofins) são consideradas tributos de má qualidade. Ainda que tenham sido implementadas mudanças com o intuito de atenuar a cumulatividade do PIS e da Cofins, elas foram parciais e a adoção de regimes distintos é fonte de distorções.

Se tomarmos essas categorias como ponto de partida para a avaliação da deterioração da qualidade do sistema tributário nacional nos últimos anos chega-se a resultados interessantes. Como se vê na figura 14, a

---

[13] Maiores detalhes sobre a distribuição da carga tributária por bases de incidência podem ser vistos nas tabelas A9 e A10 do anexo. Nessas tabelas, note que a distribuição da carga tributária por bases de incidência é um pouco distinta daquela apresentada na figura 7. Tal distinção decorre de que foi necessário considerar apenas os tributos mais relevantes que recaem sobre as principais bases de incidência para que fosse possível construir séries históricas.

participação da tributação de mercadorias e serviços na arrecadação total manteve-se relativamente estável entre 1988 e 2005, mas sua composição foi substancialmente alterada. A participação dos tributos aqui rotulados como de má qualidade aumentou quase 10 pontos percentuais (saltou de 11,5% para 20,8%) e já supera a participação dos tributos sobre a renda e a folha salarial na carga tributária global.

Figura 14
Distribuição da carga tributária global por principais bases de incidência – 1988 e 2005

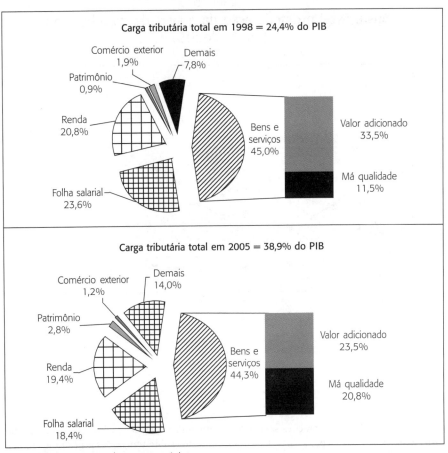

Fontes: Tabelas A9 a A11 do anexo estatístico.

A estreita associação entre a deterioração da qualidade da tributação indireta e o crescimento das contribuições sociais é o objeto das figuras 16 e 17. A partir de 1998, quando o aumento da carga tributária, apoiado nessas contribuições, passou a sustentar o ajuste fiscal, a receita conjunta do PIS/Pasep, Cofins e CPMF bateu sucessivos recordes até atingir seu maior nível histórico em 2005: cerca de 7,1% do PIB,[14] deixando claro que o ajuste, além de engessar o orçamento, também compromete a competitividade dos produtos nacionais.

Figura 15
Ajuste fiscal e deterioração da qualidade da tributação (em % do PIB)

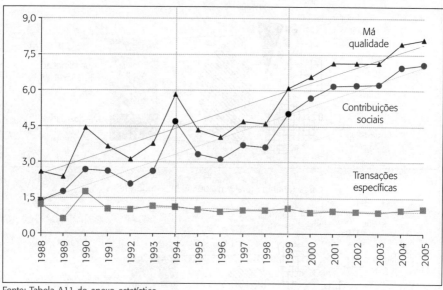

Fonte: Tabela A11 do anexo estatístico.

---

[14] No cômputo das contribuições sociais foram incluídas apenas aquelas que incidem sobre bens e serviços: PIS/Pasep, Cofins e CPMF. Os impostos sobre transações específicas incluem o ISS e o IOF.

Figura 16
Participação dos tributos de má qualidade e valor adicionado na carga tributária sobre bens e serviços – 1988-2005

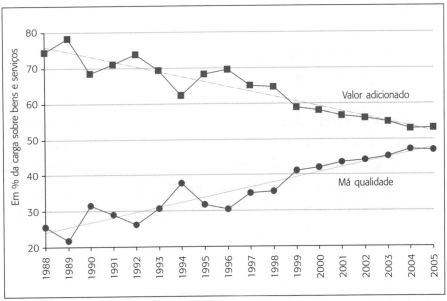

Fonte: Tabela A11 do anexo estatístico.

A cumulatividade tributária ainda é grande

As mudanças processadas na legislação do PIS/Cofins em 2003 e 2004 tinham o propósito de eliminar a cumulatividade desses tributos, mas a solução finalmente encontrada não alcançou esse objetivo. Apenas os grandes contribuintes que declaram o imposto de renda pelo regime do lucro real passaram a ser desonerados da tributação de seus insumos. Ainda assim, nem todas as pessoas jurídicas optantes por tal regime foram alcançadas por essa modificação e nem todos os produtos ou serviços vendidos pelas mesmas foram enquadrados na tributação não-cumulativa.

As empresas de menor porte, em número bem maior que os grandes contribuintes, continuaram recolhendo as contribuições na forma antiga, com base no faturamento bruto. Além disso, foram mantidos regimes especiais de arrecadação[15] e não são poucos os casos em que prevaleceram as normas anteriores como revela o quadro 3 elaborado pela SRF, reproduzido a seguir.

Ainda que os grandes contribuintes, apesar de em número reduzido, sejam os principais responsáveis pela receita dessas contribuições,[16] só numa hipótese extrema a cumulatividade seria inteiramente eliminada. Isso ocorreria quando os contribuintes enquadrados em um determinado regime só se relacionassem – tanto no tocante à aquisição de insumos e bens de capital quanto nas vendas de seus produtos – com outros contribuintes do mesmo regime. Como é improvável que isso aconteça em escala significativa, e como a imensa maioria das empresas permanece sendo tributada com base no faturamento bruto, a cumulatividade dessas contribuições ainda é significativa.

Embora promovida para reduzir a ineficiência econômica das contribuições sociais, a mudança nas regras aplicadas ao pagamento do PIS/Cofins também serviu para impulsionar o aumento de sua arrecadação. Dadas as incertezas com respeito ao impacto das mudanças mencionadas, as novas alíquotas foram estabelecidas de modo a reduzir o risco de perda de receitas. Isso ocorreu por ocasião da alteração no PIS, quando a receita dessa contribuição cresceu 15% em termos reais no ano seguinte à mudança, e, de novo, com a Cofins, cuja receita também experimentou forte crescimento real após a adoção das novas regras: cerca de 24,2% entre 2003 e 2004.

---

[15] Segundo levantamento realizado por Afonso e Araujo (2004b e 2004c), o recolhimento da Cofins pelos segmentos que não foram afetados pela recente reforma explicou mais da metade do que se arrecadou de janeiro a agosto de 2004.
[16] De acordo com a análise da SRF dos declarantes do IRPJ de 2003, os contribuintes que declaram o imposto de renda pelo regime de lucro real responderam por 6,7% do universo total de empresas e geraram 80,4% da receita tributável (SRF, 2004).

Quadro 3
Pessoas jurídicas e as receitas que continuam sujeitas às normas do PIS/Pasep e da Cofins cumulativas

a) Os bancos comerciais, bancos de investimentos, bancos de desenvolvimento, caixas econômicas, sociedades de crédito, financiamento e investimento, sociedades de crédito imobiliário, sociedades corretoras, distribuidoras de títulos e valores mobiliários, empresas de arrendamento mercantil, cooperativas de crédito, empresas de seguros privados e de capitalização, agentes autônomos de seguros privados e de crédito, entidades de previdência complementar abertas e fechadas e associações de poupança e empréstimo.
b) As pessoas jurídicas que tenham por objeto a securitização de créditos imobiliários, nos termos da Lei nº 9.514, de 1997, e financeiros.
c) As operadoras de planos de assistência à saúde.
d) As empresas particulares que exploram serviços de vigilância e de transporte de valores, de que trata a Lei nº 7.102, de 1983.
e) As sociedades cooperativas.
f) As receitas de venda dos produtos de que trata a Lei nº 9.990, de 2000, a Lei nº 10.147, de 2000, a Lei nº 10.485, de 2002, o art. 2º da Lei nº 10.560, de 2002, e os arts. 49 e 50 da Lei nº 10.833, de 2003, ou quaisquer outras submetidas à incidência monofásica da Cofins.
g) As receitas sujeitas à substituição tributária da Cofins.
h) As receitas relativas às operações de venda de veículos usados, adquiridos para revenda, bem assim dos recebidos como parte do preço da venda de veículos novos ou usados, quando auferidas por pessoas jurídicas que tenham como objeto social, declarado em seus atos constitutivos, a compra e venda de veículos automotores.
i) As receitas decorrentes da prestação de serviços de telecomunicação.
j) As receitas decorrentes de prestação de serviços das empresas jornalísticas e de radiodifusão sonora e de sons e imagens.
k) As receitas submetidas ao regime especial de tributação previsto no art. 47 da Lei nº 10.637, de 2002 (MAE).
l) As receitas submetidas ao regime especial de apuração e pagamento previsto no art. 52 da Lei nº 10.833, de 2003.
m) As receitas decorrentes da venda de embalagens, destinadas ao envasamento dos produtos listados no art. 49 da Lei nº 10.833, de 2003.
n) As receitas decorrentes de prestação de serviços de transporte coletivo rodoviário, metroviário, ferroviário e aquaviário de passageiros.
o) As receitas decorrentes do serviço prestado por hospital, pronto-socorro, casa de saúde e de recuperação sob orientação médica e por banco de sangue.
p) As receitas decorrentes de prestação de serviços de educação infantil, ensinos fundamental e médio e educação superior.
q) As receitas relativas a contratos firmados anteriormente a 31 de outubro de 2003: q.1) com prazo superior a 1 (um) ano, de administradoras de planos de consórcios de bens móveis e imóveis, regularmente autorizadas a funcionar pelo Banco Central; q.2) com prazo superior a 1 (um) ano, de construção por empreitada ou de fornecimento, a preço predeterminado, de bens ou serviços; e q.3) de construção por empreitada ou de fornecimento, a preço predeterminado, de bens ou serviços contratados com pessoa jurídica de direito público, empresa pública, sociedade de economia mista ou suas subsidiárias, bem como os contratos posteriormente firmados decorrentes de propostas apresentadas, em processo licitatório, até aquela data.

Nota: O disposto nas letras de "n" a "q" aplica-se ao PIS/Pasep não-cumulativo, de que trata a Lei nº 10.637, de 2002, a partir de 1/2/2004.

Fonte: SRF. Disponível em: <www.receita.fazenda.gov.br/PessoaJuridica/DIPJ/2004/PergResp2004/pr431a452.htm)>.

Outros tributos incidentes sobre bens e serviços não tiveram desempenho tão favorável em igual período. Por exemplo, o IPI e a CPMF cresceram, respectivamente, 1% e 6%. Já o PIS/Pasep e o ICMS obtiveram um incremento real de aproximadamente 8%. A posterior incidência da Cofins nas importações reforçou sua capacidade de geração de receitas e ampliou seu papel de peça-chave para o ajuste promovido nas contas federais.

A rigor, a perda de qualidade da tributação brasileira é ainda mais grave do que a que resulta da expansão das contribuições sociais, pois os impostos que formalmente seguem o figurino de tributos sobre o valor adicionado, como o ICMS e o IPI, também foram sofrendo mutações que são fontes de distorções econômicas.

Os problemas do ICMS

No caso do ICMS, a concentração da arrecadação em um número reduzido de atividades e a adoção de regimes simplificados para pequenas e médias empresas fizeram com que, na prática, esse tributo se distanciasse de um verdadeiro imposto sobre o valor adicionado. Em 2005, o ICMS arrecadou o equivalente a 7,9% do PIB, com mais de 40% dessa receita dependendo da tributação de insumos básicos: petróleo; combustíveis e lubrificantes; energia elétrica; e comunicações (figura 17). O encolhimento do campo de aplicação do ICMS fica evidente quando se observa que em 1968, quando o velho ICM gerava 7,3% do produto interno, ele não incidia sobre esses insumos.[17]

O encolhimento da base de incidência do ICMS acompanhou a invasão pela União do campo tributário que, anteriormente à Constituição de 1988, era reservado à competência exclusiva dos governos esta-

---

[17] Em 1968, essas bases eram tributadas pelos impostos únicos federais que só foram incorporados ao ICMS após 1988. Os dados de arrecadação do ICMS de 1968 foram extraídos de Afonso e Araujo (2004a).

duais. Com a expansão das contribuições a situação se inverteu. Antes de 1988, ao governo federal era reservada a competência para tributar a produção de manufaturas por meio do IPI, enquanto a competência tributária dos estados estendia-se à indústria e ao comércio.

Após 1988, o campo explorado pela União se expandiu, alcançando o comércio e os serviços, ao passo que o explorado pelos estados se estreitou. Com isso, insumos estratégicos em uma economia moderna passaram a sofrer uma carga tributária incompatível com as exigências de competitividade da produção brasileira no mercado global.

Figura 17
Distribuição setorial da arrecadação do ICMS – 2005

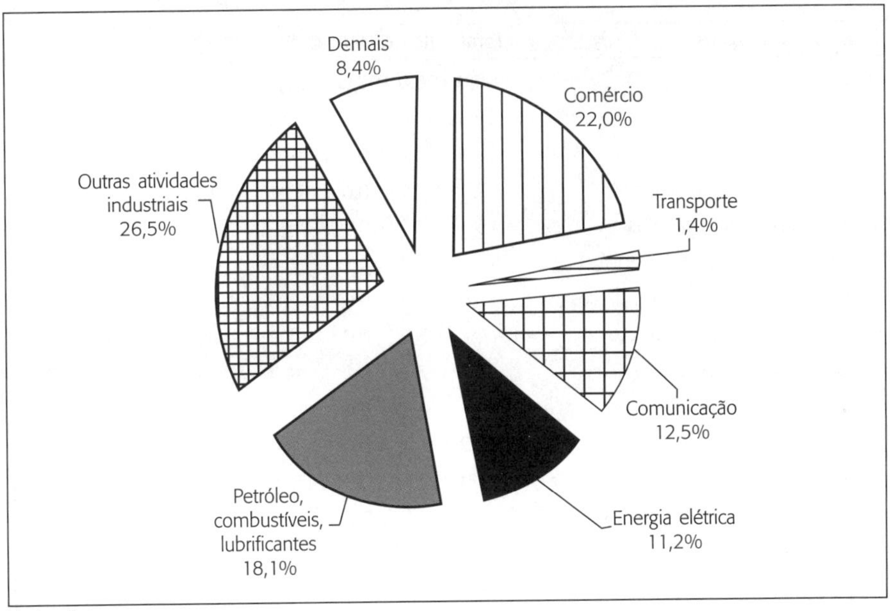

- Demais 8,4%
- Comércio 22,0%
- Outras atividades industriais 26,5%
- Transporte 1,4%
- Comunicação 12,5%
- Petróleo, combustíveis, lubrificantes 18,1%
- Energia elétrica 11,2%

Fonte: Cotepe.

Embora a base tributária do governo federal tenha se expandido, a concentração da arrecadação em atividades produtoras de insumos utilizados em todas as cadeias produtivas agrava o ônus do ICMS, comprometendo ainda mais a perda de competitividade da produção brasileira.

Como mostram os dados apresentados na tabela 2, os serviços financeiros respondem por mais de um quinto da receita federal. Se somarmos a arrecadação proveniente de combustíveis, serviços de utilidade pública, transporte e comunicações, chegamos a 45% da receita federal. *Em um contexto onde o ajuste das contas da União depende cada vez mais do aumento das receitas, carregar o peso da arrecadação sobre tais setores tem sido uma forma fácil para elevar a produtividade fiscal, à custa, todavia, da eficiência da produção nacional.*

Tabela 2
Arrecadação setorial dos principais tributos administrados pela SRF – 2005
(distribuição da arrecadação por setor econômico)

Setores econômicos	Total	IR	CPMF	Cofins	PIS/Pasep	CSLL	Demais
Total	100,0	100,0	100,0	100,0	100,0	100,0	100,0
Serviços financeiros	26,9	30,9	99,3	9,4	9,8	16,3	16,3
Comércio	11,9	7,2	0,1	17,5	13,9	14,9	18,0
Fabricação de combustíveis	7,3	7,4	0,0	11,6	10,7	10,8	0,9
Serviços prestados às famílias	5,1	7,7	0,1	4,8	5,9	6,3	1,6
Serviços prestados às empresas	5,1	6,7	0,1	5,4	4,8	9,8	1,2
Serviços industriais de utilidade pública (Siup)	5,0	5,0	0,0	8,5	7,4	5,8	1,0
Fabricação de produtos químicos	4,6	3,5	0,0	5,9	5,0	3,9	7,6
Indústria automobilística	4,2	2,0	0,0	4,3	3,5	1,6	13,4
Administração pública	3,9	8,2	0,0	0,7	10,9	1,0	0,2
Comunicação	2,9	3,1	0,0	4,4	3,9	3,2	0,9
Metalurgia básica	2,9	2,7	0,0	2,8	2,6	4,7	4,2
Indústria de alimentos e bebidas	2,9	2,0	0,3	3,4	2,9	2,6	5,8
Transporte	2,3	2,3	0,0	3,6	3,2	3,1	0,8
Fabricação de máquinas e equipamentos	1,7	1,2	0,0	1,9	1,7	1,4	3,9
Fabricação de artigos de borracha e plástico	1,5	0,8	0,0	1,9	1,6	1,2	3,6
Construção	1,2	1,2	0,0	1,9	1,7	1,9	0,5
Demais	10,7	8,3	0,0	12,2	10,5	11,7	20,0

Fonte: Tabelas A13 e A14 do anexo estatístico.
Nota: Demais = imposto de importação (II) + imposto de exportação (IE) + imposto sobre produtos industrializados (IPI) + imposto sobre operações de crédito, câmbio e seguro (IOF) + imposto sobre a propriedade territorial rural (ITR) + outros tributos não classificados pela SRF.

A competição por bases tributárias na federação

A competição pelas mesmas bases tributárias que resulta da sobreposição de incidências aumenta o ônus para os contribuintes e gera outra espécie de cumulatividade: aquela que resulta da impossibilidade de compensação de créditos de impostos pagos a distintos entes federados.

A ausência de regras uniformes para a cobrança do ICMS em todo o território nacional é outro foco importante de distorções, dadas as diversidades de regimes e de procedimentos que decorrem da competência de cada estado da federação, mais o Distrito Federal, para legislar sobre esse imposto. Juntamente com as normas aplicáveis à tributação das transações interestaduais, a ausência de harmonização da tributação estadual cria um quadro extremamente favorável à sonegação, a práticas de guerras fiscais e a grandes distorções na distribuição geográfica da produção e dos investimentos.

O imposto sobre produtos industrializados (IPI) apresenta menos problemas, pois o fato de mais da metade de sua arrecadação ser partilhada com os governos subnacionais[18] concorreu para que ele fosse esvaziado. Mudanças recentes, voltadas para a desoneração dos bens de capital, também contribuíram para tornar esse imposto menos prejudicial para a economia. No entanto, desequilíbrios encontrados na estrutura de alíquotas do IPI precisam ser reavaliados.

Em síntese, a má qualidade da tributação não se resolve apenas com a reversão da tendência de expansão das contribuições sociais e com mudanças na legislação aplicada à cobrança desses tributos. Ela depende de

---

[18] Atualmente, 57% da arrecadação do IPI são destinados aos estados e municípios. O aumento obtido entre 1988 e 2005 com as principais contribuições incidentes sobre o mercado doméstico de bens e serviços (PIS/Pasep, Cofins e CPMF) foi da ordem de 5,7 pontos percentuais do PIB. Para a União obter do IPI o mesmo montante de recursos (isto é, descontados os repasses constitucionais), a carga desse imposto teria que ser multiplicada por aproximadamente seis vezes – passando de 2,2% para 13,3% em proporção do produto. Isto teria sido impossível, entre outros fatores, porque a base de incidência do IPI constitui-se apenas do valor adicionado na fabricação de produtos industrializados e suas alíquotas sempre foram mais elevadas do que as das contribuições sociais.

uma completa reformulação da tributação sobre mercadorias e serviços, para a qual é necessário implementar um novo modelo de federalismo fiscal.

O desajuste da federação

O ajuste fiscal não se limitou ao esforço do governo federal para ajustar suas contas por meio da obtenção de superávits primários cada vez mais elevados. Embora a contribuição da União para o alcance das metas fiscais do setor público tenha sido maior, as esferas subnacionais também foram compelidas a fazer sua parte (figura 18). Para tanto, os acordos de renegociação da dívida dos estados e dos municípios de São Paulo e Rio de Janeiro com o governo federal tiveram um papel decisivo. Por meio desses acordos, a União assumiu e refinanciou as dívidas desses governos por aproximadamente 30 anos.[19]

Com o intuito de assegurar que o cumprimento da obrigação assumida pelos beneficiários desse refinanciamento, de repassar cerca de 13% de suas receitas ao Tesouro Nacional para pagamento da nova dívida, os contratos outorgaram à União o direito de seqüestrar receitas dos mutuários.[20] Como o acordo também barrou as possibilidades de novo endividamento, não restou a eles outra opção a não ser tentar equilibrar suas contas por meio da realização de resultados primários positivos. A partir de 2000, o ajuste das contas estaduais e municipais contou também com as novas medidas de controle e austeridade impostas pela Lei de Responsabilidade Fiscal (LRF).[21]

---

[19] Os dispositivos do acordo foram definidos pela Lei nº 9.496 de 1997.
[20] Esse percentual é calculado com base na receita líquida real (RLR) dos últimos 12 meses, excluídas as receitas de operações de crédito, de alienação de bens, de transferências recebidas com o fim específico de atender despesas de capital e os repasses para os municípios por participações constitucionais e legais. O percentual da RLR comprometida com os encargos da dívida varia de um estado para o outro e, em média, se situa em torno de 13%.
[21] A LRF foi instituída através da Lei Complementar nº 101 de 2000.

Figura 18
Contribuição de cada ente federado e das empresas estatais para o ajuste fiscal
(superávit primário em % do PIB)

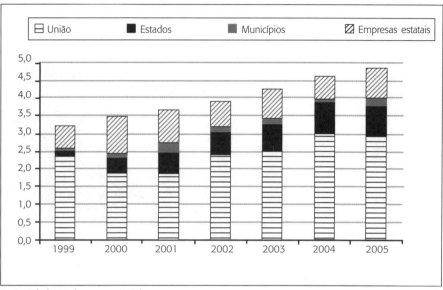

Fonte: Tabela A4 do anexo estatístico.

Da mesma forma que no caso da União, a redução dos desequilíbrios fiscais no plano subnacional seguiu a rota do aumento de arrecadação, tendo como conseqüência o acirramento dos conflitos gerados pela disputa em torno da exploração de bases tributárias comuns. Tal disputa, como será demonstrado a seguir, tem sido vencida pelo governo federal e pelos municípios, reforçando o encolhimento da base tributária dos estados.

O esvaziamento dos estados

O encolhimento do campo tributário dos estados pode ser visto pela observação dos dados sobre a evolução da arrecadação tributária própria de cada uma das três esferas de governo apresentados na figura 19. Verifica-se que todos aumentaram suas receitas próprias no período pós-ajuste fiscal, mas o crescimento dos tributos de competência estadual se deu a um ritmo menor que o da União e o dos municípios e, por isso, diminuiu sua participação na arrecadação total.

Figura 19
Evolução da arrecadação tributária de cada esfera de governo – 1998-2005*

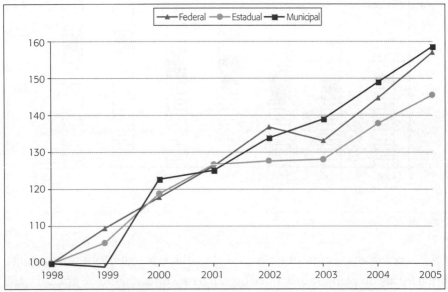

Fonte: Tabela A16 do anexo estatístico.
* Índice calculado com base em valores corrigidos pelo deflator implícito do PIB (1998 = 100).

A rigor, o encolhimento dos estados vem ocorrendo há mais tempo. Tomando por base o conceito de arrecadação direta – que leva em consideração os tributos próprios de cada esfera de governo –, verificamos que apenas no período 1990-93, que já reflete plenamente as mudanças ocasionadas pela reforma tributária de 1988, os estados obtiveram aumento em sua participação no bolo tributário nacional.

Desde então, o aprofundamento do ajuste fiscal, promovido mediante o acelerado crescimento de tributos de competência federal, contribuiu para aumentar a parcela captada pela União e o progressivo declínio da fatia estadual. Note que, no período 1999-2005, a parcela dos estados já estava em nível inferior àquele em que se situava anteriormente à vigência plena dos efeitos da reforma tributária de 1988 (figura 20).[22]

Como se observa na figura, os municípios não foram afetados por esse movimento, tendo conseguido, não apenas manter os ganhos iniciais, como ampliar seu quinhão nos períodos subseqüentes.

Figura 20
**Divisão federativa da arrecadação direta –
1988/89, 1990-93, 1994-98 e 1999-2005**

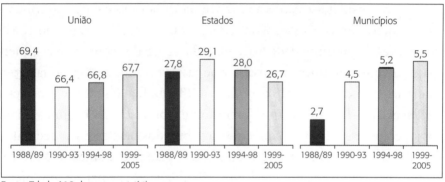

Fonte: Tabela A16 do anexo estatístico.

Evidentemente, a participação de cada esfera de governo no bolo tributário varia de acordo com sua capacidade de gerar receitas, o que depende da repartição constitucional do poder de tributar, da natureza dos tributos atribuídos a cada ente federado e da eficiência das respectivas administrações. A competência exclusiva para cobrar contribuições que não se submetem às mais rígidas regras aplicadas aos impostos confere à União uma vantagem importante. Todavia, o aumento das contribuições gera conflitos com estados e municípios e amplia os desequilíbrios verticais.

---

[22] As tabelas A15 e A16 do anexo trazem a evolução da arrecadação dos tributos de competência própria de cada esfera de governo desde 1988 até 2005.

A figura 21, que compara a evolução da arrecadação do PIS/Pasep e da Cofins com a do ICMS e do ISS, fornece uma boa indicação de que o potencial arrecadatório dos impostos subnacionais pode estar sendo comprometido pelo avanço da União sobre bases tributárias comuns. Veja que tanto as contribuições quanto os mencionados impostos apresentaram um desempenho favorável depois de 1998, mas o incremento das contribuições foi muito mais vigoroso.

O pesado ônus tributário sobre insumos básicos

A resposta dos estados ao avanço da União sobre o campo tributário de mercadorias e serviços foi concentrar os recolhimentos do ICMS em setores de produtividade fiscal elevada – caso dos combustíveis, energia elétrica e comunicações, conforme já observado. Tal opção faz com que a arrecadação do ICMS descole do PIB estadual e se torne sensível a oscilações nos fatores que interferem sobre o preço desses insumos. Além disso, como esses setores também são tributados pelo governo federal, a possibilidade de continuar explorando este veio para aumentar a arrecadação torna-se inviável. A crescente dificuldade em demarcar com precisão a linha que separa mercadorias de serviços também abre um contencioso com os municípios que é outra fonte de dificuldades para a tributação estadual.

No caso dos municípios, embora o ISS seja uma fonte importante de arrecadação (por exemplo, em 2005, representou cerca de 33% das receitas locais), não é a principal.[23] Além disso, apesar de a incidência cada vez maior de contribuições sociais sobre o setor de serviços poder estar comprometendo o potencial de arrecadação do ISS, a capacidade dos municípios de resistir ao avanço federal também é maior que a dos estados. Um bom exemplo disso foi a aprovação da Lei Complementar nº 116, de 31 de julho de 2003, que ampliou a lista de serviços a serem tributados pelo ISS.

---

[23] Em muitos casos o IPTU e taxas são tão ou mais importantes que o ISS.

Em decorrência das novas medidas, em 2005, o ISS já apresentou um crescimento mais acentuado do que o ICMS (figura 21).

Figura 21
Evolução da arrecadação do PIS/Pasep, Cofins,
ICMS e ISS – 1998-2005*

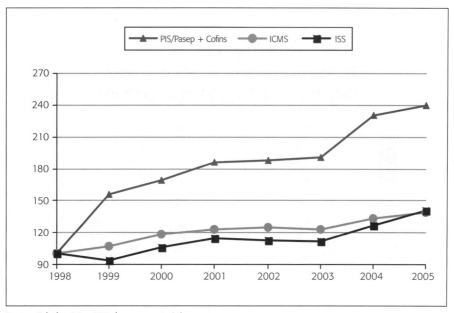

Fontes: Tabelas A6 e A20 do anexo estatístico.
* Índice calculado com base em valores corrigidos pelo DI do PIB (1998 = 100).

A competição por bases tributárias não é apenas fonte de antagonismos na federação, ela também acarreta efeitos prejudiciais para a economia, uma vez que a sobreposição de incidências tributárias sobre bases comuns aumenta a complexidade das normas e agrava o ônus dos contribuintes por meio da elevação dos custos de cumprimento de suas obrigações fiscais.

A principal evidência da resistência dos municípios está nos números que mostram as mudanças na repartição das receitas disponíveis, isto é, os recursos com que cada esfera de governo conta após computadas as transferências tributárias intergovernamentais. Como pode ser visto na figura 22, enquanto os estados acusam quedas sucessivas ao longo do período 1990-2005, os municípios trilharam uma trajetória ascendente. Vale a pena notar que o crescimento da participação dos municípios deve-se ao aumento que promoveram na sua arrecadação própria que, especialmente no período recente, cresceu bem mais do que o incremento dos recursos do Fundo de Participação dos Municípios (FPM) na receita federal (figura 23).[24]

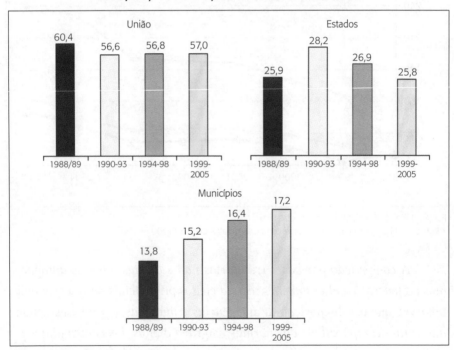

Figura 22
Divisão federativa da receita disponível –
1988/89, 1990-93, 1994-98 e 1999-2005

Fonte: Tabela A18 do anexo estatístico.

---

[24] A figura 23 apresenta a evolução conjunta dos fundos de participação estadual e municipal. Como os dois fundos têm uma base comum – partilha da arrecadação do IR e do IPI –, o desempenho de cada um deles isoladamente é idêntico ao do conjunto.

Figura 23
Evolução da arrecadação direta dos governos subnacionais e dos repasses do FPE, FPM – 1998-2005*

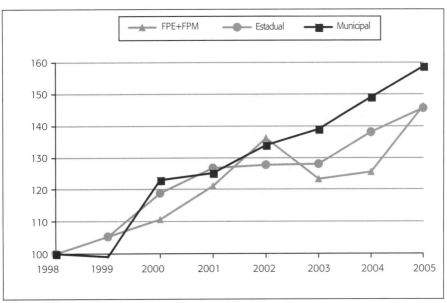

Fontes: Tabelas A18 e A20 do anexo estatístico.
* Índice calculado com base em valores corrigidos pelo deflator implícito do PIB (1998 = 100).

O engessamento dos orçamentos subnacionais

Outra conseqüência perversa para a federação do recurso às contribuições sociais para sustentar o ajuste fiscal foi a redução da autonomia orçamentária dos governos subnacionais decorrente da ampliação de transferências vinculadas a gastos com os programas abrangidos pela seguridade social, com destaque para o SUS.

De acordo com os dados apresentados na tabela 3, a parcela da receita de estados e municípios que se origina dos repasses de recursos vinculados ao SUS já se aproxima da metade do que é repassado pelo governo federal por meio do FPE e do FPM (ver também figura 24). Na contramão desse movimento, a participação do conjunto de recursos provenientes da arrecadação tributária própria e de transferências federais não-vinculadas caiu mais de 5 pontos percentuais entre 1998 e 2005 (figura 25).

Tabela 3
Evolução das principais fontes de recursos dos orçamentos subnacionais – 1998-2005
(% da receita total)

	1998	1999	2000	2001	2002	2003	2004	2005
Total	100,0	100,0	100,0	100,0	100,0	100,0	100,0	100,0
Arrecadação tributária própria	70,4	70,2	70,4	69,9	68,0	69,3	69,5	67,0
Transferências federais	29,6	29,8	29,6	30,1	32,0	30,7	30,5	33,0
FPE + FPM	15,5	15,6	14,4	14,8	15,8	14,5	13,7	14,6
Compensação financeira	2,9	4,0	4,1	3,9	4,0	4,1	3,9	3,9
FPEx + Lei Kandir	2,4	3,2	2,7	2,3	2,2	1,8	1,6	1,4
Royalties	0,5	0,9	1,4	1,6	1,9	2,3	2,3	2,5
Cooperação intergovernamental	7,2	8,1	8,0	8,3	8,6	8,6	9,2	9,3
Fundef	3,5	3,9	3,3	3,2	3,3	3,0	2,8	2,9
SUS	3,7	4,2	4,7	5,0	5,2	5,6	6,3	6,3
Não-classificadas	3,9	2,0	3,2	3,1	3,6	3,5	3,6	5,3

Fonte: Tabela A21 do anexo estatístico.

Com a redução da autonomia de estados e municípios provocada pelo aumento de transferências vinculadas, o ajuste fiscal pautado no aumento da arrecadação de contribuições sociais, além de engessar o orçamento da União, também contribuiu para a rigidez dos orçamentos subnacionais.

Se, à perda de autonomia com respeito ao uso de recursos transferidos, agregarmos o fato de que uma boa parte dos recursos estaduais e municipais é forçosamente comprometida com as vinculações constitucionais à educação e à saúde,[25] os benefícios previdenciários, pagamento da dívida, salários do funcionalismo, iremos verificar que o engessamento dos orçamentos subnacionais tende a ser ainda maior do que aquele que se observa no plano federal.

---

[25] A Emenda Constitucional nº 29, de 2000, vinculou 7% das receitas estaduais e municipais para a área da saúde a partir de 2000. Daí em diante, esse percentual teria que ser progressivamente elevado até alcançar 12% no caso dos estados e 15% no dos municípios.

Figura 24
Aumento da participação do SUS nas transferências federais a estados e municípios – 1998-2005
(% da receita disponível)

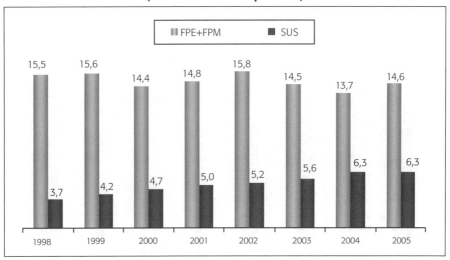

Fonte: Tabela 3.

Figura 25
Receitas subnacionais selecionadas – 1998-2005
(% da receita disponível)

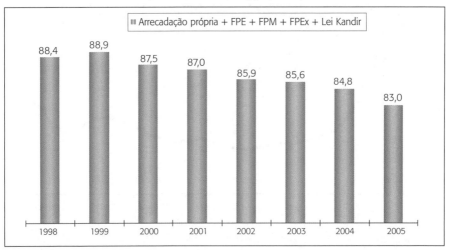

Fonte: Tabela 3.

Figura 26
Orçamento estadual *per capita* – 2005 (R$)

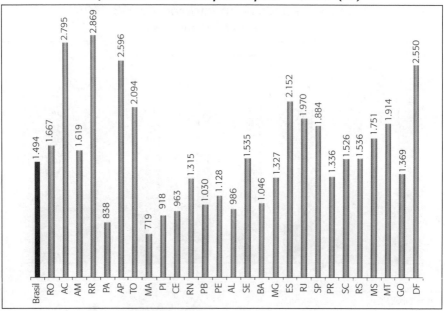

Fonte: Execução orçamentária dos estados (STN).

Figura 27
Orçamento municipal segundo o tamanho do município – 2004 (R$ *per capita*)

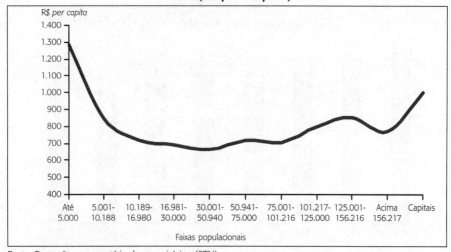

Fonte: Execução orçamentária dos municípios (STN).

Desequilíbrios e assimetrias

A terceira face dos desajustes federativos é a que se expressa por meio dos desequilíbrios que se acumularam com respeito à capacidade financeira dos estados e dos municípios – os desequilíbrios horizontais. Com a multiplicidade de transferências e os impactos diferenciados das distintas regras que conformam o rateio dos fundos constitucionais e a repartição das demais transferências federais sobre o tamanho dos orçamentos dos governos subnacionais, as disparidades entre a disponibilidade de recursos e a natureza das responsabilidades que deveriam ser por eles exercidas foram se ampliando nos últimos anos. Além dos conflitos que gera, tal situação produz efeitos negativos à luz das demandas por eficiência na gestão das políticas públicas.

Esses desequilíbrios se manifestam por meio de enormes e inexplicáveis assimetrias encontradas nos valores dos orçamentos estaduais e municipais em relação ao tamanho das respectivas populações. Estados de uma mesma região apresentam grandes diferenças em relação à sua capacidade de financiamento: por exemplo, o orçamento *per capita* do Maranhão não alcança a metade do de Sergipe; já o do Pará totaliza menos de um terço do orçamento de Roraima (figura 26). No caso dos municípios, as cidades de porte muito pequeno dispõem de uma capacidade financeira maior do que as grandes metrópoles (figura 27).[26]

Assimetrias e gestão

Tais assimetrias refletem a maneira desordenada como os conflitos federativos foram sendo tratados nos últimos anos e as dificuldades que tal situação acarreta para coordenar a atuação do setor público, de forma a evitar sobreposições e desencontros que reduzem a eficiência e a eficá-

---

[26] Para maiores detalhes sobre os desequilíbrios horizontais presentes na federação, ver Prado, Quadros e Cavalcanti (2003).

cia do governo em áreas que são fundamentais para o processo de desenvolvimento, como a educação, a saúde, a segurança pública, a infra-estrutura urbana e o meio ambiente.

A multiplicidade de fontes que compõem os orçamentos subnacionais e a sobreposição de distintas lógicas que presidem a transferência desses recursos explica a maneira como os recursos transferidos se distribuem geograficamente (ver quadro 4 para um resumo dessas fontes e dos critérios que presidem o rateio desses recursos).

Dependendo da origem dos recursos, essa distribuição se dá:

- na razão direta da população e inversa à renda *per capita* (Fundo de Participação dos Estados e do Distrito Federal – FPE);
- na razão direta, mas decrescente, ao tamanho da população (Fundo de Participação dos Municípios – FPM);
- na razão direta da base econômica municipal – casos da cota-parte do ICMS repartida conforme o valor adicionado, da participação dos municípios no imposto sobre a propriedade de veículos automotores (IPVA) e no ITR, e do IR na fonte dos servidores públicos locais;
- na razão direta da população e inversa à renda *per capita* (FPM-capitais);
- na razão direta do tamanho da população e à concentração da oferta de serviços (SUS);
- em função do número de matrículas no ensino fundamental (Fundo de Manutenção e de Desenvolvimento do Ensino Fundamental e de Valorização do Magistério – Fundef);
- em função de vários critérios inseridos em leis estaduais que regulam a entrega aos municípios de um quarto do ICMS que lhes é devido;
- em função da importância dos estados nas exportações nacionais (Fundo de Compensação pela Exportação de Produtos Industrializados – FPEx e Lei Kandir);
- com base nos coeficientes de participação dos municípios no ICMS – distribuição da parcela dos municípios nos recursos transferidos aos estados à conta de compensação das exportações.

É fácil ver que a conjugação de critérios distintos conduz a enormes assimetrias. Estados com renda *per capita* e densidade demográfica baixas, como a grande maioria dos que pertencem à Região Norte, se beneficiam das transferências do FPE, enquanto as transferências direcionadas para o SUS se concentram nos estados mais ricos e mais populosos. Essas diferenças derivam dos critérios originalmente adotados para definir as cotas de cada estado no FPE e se agravaram depois que os coeficientes que definem essas cotas foram congelados em face da impossibilidade de ser alcançado um entendimento sobre a revisão da fórmula de rateio como havia sido recomendado pela Constituição.

Com as exceções de praxe, os pequenos municípios se beneficiam do FPM, ao passo que os grandes se apóiam na cota-parte do ICMS e demais transferências que se relacionam à base econômica municipal. Pela importância financeira, os repasses do SUS também têm uma participação expressiva na composição das receitas dos municípios de maior porte.

O caso das capitais merece um comentário à parte. De acordo com os critérios estabelecidos à época de sua criação, o FPM-capitais deveria ser repartido na razão direta da população e inversa à renda *per capita* dos municípios, com ambos os fatores tendo um peso igual na determinação do coeficiente de rateio. Distorções inicialmente introduzidas pela utilização da renda *per capita* do estado como variável representativa da renda de sua capital (por inexistência à época de estimativas confiáveis para o PIB municipal) nunca foram devidamente corrigidas, conduzindo a situações em que a capital rica e pouco populosa de um estado pobre tenha uma participação nesse fundo muito maior do que a de uma capital mais pobre e mais habitada de um estado mais rico.

Um fato que merece registro é a dificuldade em atualizar os principais critérios de repasse diante das dinâmicas socioeconômicas em constante mutação. Assim, desde 1989, a repartição do FPE e do FPM abandonou o critério original e adotou uma tabela fixa de participação percentual construída à luz da experiência acumulada no passado e após uma intensa negociação. No ICMS, a regra constitucional ainda é a estabelecida em 1967, enquanto no caso do SUS a herança do passado também comanda a maior parte dos critérios utilizados na repartição dos recursos entre os municípios.

Quadro 4
Principais transferências recebidas pelos governos subnacionais

IR retido na fonte – IR retido de funcionários estaduais e municipais pertence aos estados e municípios.
Royalties **do petróleo, gás e recursos hídricos** – Receita dos *royalties* é rateada com base em critérios definidos em lei, que privilegiam o critério territorial.
Cota-parte do IOF-ouro – 30% da arrecadação são distribuídos aos estados e 70% aos municípios com base na origem da produção.
Cota-parte do ITR – 50% da arrecadação são distribuídos aos municípios proporcionalmente à localização dos imóveis rurais.
Cota-parte do IPVA – 50% da arrecadação são distribuídos aos municípios com base na origem do recolhimento do imposto.
Cota-parte do ICMS – 25% da receita são distribuídos aos municípios da seguinte forma: três quartos com base no valor adicionado no município e um quarto conforme o disposto em lei estadual.
FPM – Corresponde a 22,5% da arrecadação do IR e do IPI; 10% desse fundo são repartidos entre as capitais levando em conta a população (razão direta) e a renda *per capita* municipal (razão inversa); 90% são repartidos entre os demais municípios com base em percentuais definidos em 1989 e que privilegiam os municípios de pequeno porte.
FPE – 21,5% da arrecadação do IR e do IPI são repartidos entre os estados na razão direta da população e inversa da renda *per capita*. Coeficientes congelados a partir de 1989.
FPEx – 10% da receita do IPI são distribuídos aos estados com base na contribuição de cada um para o total das exportações nacionais; 25% da parcela dos estados nesse fundo são entregues aos municípios segundo os mesmos critérios aplicados à repartição da cota-parte do ICMS.
Transferências aos estados por conta da Lei Kandir – Montante anualmente definido no orçamento federal é repassado aos estados com base em estatísticas de exportação de produtos primários e semi-elaborados; 25% da parcela recebida pelos estados são repartidos entre os municípios com base nos mesmos critérios aplicados à repartição da cota-parte do ICMS.
Transferências do SUS – Recursos do orçamento federal transferidos a estados e municípios conforme critérios definidos em lei, que levam em conta a população e a natureza dos serviços prestados. Valor fixo *per capita* é transferido aos municípios para financiar ações básicas de saúde.
Fundef – Formado por 15% das transferências do FPE, do FPM, das compensações por exportações e do ICMS. Redistribui recursos entre estados e municípios com base nas matrículas no ensino fundamental.
Transferências negociadas ou voluntárias – Recursos do orçamento da União repartidos por meio de convênios para finalidades diversas.

Na ausência de mudanças que reduzam os desequilíbrios apontados, os conflitos federativos continuarão impondo sérios obstáculos à aprovação da reforma tributária e à melhoria da qualidade da gestão pública.

Os desajustes e a gestão pública

> Com o reconhecimento da impossibilidade de continuar sustentando o ajuste fiscal por meio da elevação de impostos, aumenta a pressão da sociedade brasileira por um redobrado esforço de contenção dos gastos públicos. Só um "choque de gestão" seria capaz de conciliar o corte dos gastos com a retomada dos investimentos públicos e a sustentação de programas sociais.

Os desajustes provocados pela natureza do ajuste fiscal acentuaram sobremaneira as dificuldades encontradas no campo da gestão pública. De um lado, o engessamento dos orçamentos impede que os recursos existentes sejam ajustados às prioridades de gasto. De outro, os desequilíbrios federativos impedem o adequado funcionamento de uma gestão descentralizada. A isso, somam-se as incertezas com respeito à tempestividade na liberação das verbas provocadas pelo recurso ao contingenciamento para sustentar o equilíbrio fiscal.

Que a gestão pública brasileira precisa de um choque é indiscutível. O problema está em saber exatamente o que está compreendido nessa expressão. Como uma imagem forte para indicar o foco das preocupações, ela tem grande apelo. Como forma de definir o objeto sobre o qual é necessário atuar, ela carece de precisão. Sem um esclarecimento do que se entende quando tal proposição é apresentada, corre-se o risco de substituir mudanças estruturais na administração pública por medidas de grande apelo popular, mas de duvidosa eficácia e fortes resistências políticas à sua adoção.

Um problema inicial a ser ressaltado é que ao longo dos últimos anos aspectos centrais para uma eficiente gestão pública foram sendo relegados a um plano secundário. De um lado, o desmonte do Estado e a desvalorização da figura do servidor público conduziram a um progressivo enfraquecimento das organizações encarregadas de implementar as ações de governo com a conseqüente perda de qualidade da gestão. De outro, a predominância de uma visão de curto prazo amparada na dominância da preocupação com o ajuste macroeconômico das contas públicas levou ao abandono das boas práticas que devem caracterizar o ciclo orçamentário e que enfatizam a integração do planejamento, orçamento, avaliação e controle. O impacto desse abandono na eficiência da gestão pública não deve ser desprezado.

Às duas questões antes mencionadas se somam a crescente rigidez orçamentária e os desequilíbrios federativos. *Em todas as áreas em que a ação do Estado é hoje exigida para criar melhores oportunidades de desenvolvimento – educação, saúde, segurança, meio ambiente –, a atuação isolada e descoordenada de organismos federais, estaduais e municipais é fonte de ineficiências e desperdícios.*

Na maior parte dessas políticas, o governo federal é provedor de recursos, mas a gestão se dá no âmbito dos estados e dos municípios. Assim, na ausência de mecanismos capazes de promover a cooperação dos entes federados na formulação e implementação das políticas prioritárias para o país é impossível falar em um verdadeiro choque de gestão.

O padrão do ajuste fiscal adotado nos últimos anos criou inúmeros problemas para a gestão pública, pois a qualidade dessa gestão depende de seis fatores importantes:

- a temporalidade do processo orçamentário;
- o foco no problema;
- o estabelecimento de metas – foco nos resultados;
- a profissionalização da administração pública;
- a responsabilização dos dirigentes – *accountability*;
- a cooperação na federação.

A Constituição de 1988 buscou submeter a elaboração do orçamento anual a um planejamento de médio prazo condicionando as decisões sobre o uso dos recursos públicos a programas e diretrizes estabelecidos no Plano Plurianual de Aplicações (PPA) e na Lei de Diretrizes Orçamentárias (LDO). Na prática, entretanto, essa submissão só ocorre formalmente. Com o abandono do planejamento, a instabilidade da economia e o engessamento dos gastos, as incertezas quanto à real disponibilidade de recursos para atender os compromissos assumidos e as metas do ajuste fiscal tornaram a gestão pública refém do controle exercido sobre a liberação dos recursos, elevando ao limite o encurtamento do horizonte temporal sobre o qual ocorre a gestão pública.

Com o crescimento dos gastos sendo impulsionado pelo aumento da arrecadação, em virtude das vinculações constitucionais, o aumento da carga tributária deixa de ser suficiente para garantir a meta para o superávit primário, levando o governo a lançar mão, de forma sistemática e crescente, de outros instrumentos também prejudiciais para a economia e para a gestão pública: o contingenciamento de gastos e o adiamento do pagamento de despesas liquidadas, na forma de "restos a pagar" para os exercícios seguintes. A tabela 4 mostra a importância que o contingenciamento de verbas adquiriu nos últimos anos, operando, ao mesmo tempo, como instrumento de controle da execução orçamentária e de descontrole da gestão pública.

Ademais, como a meta estabelecida para o superávit primário está sujeita a ajustamentos em função do comportamento da relação dívida/PIB, configurando-se, portanto, como de natureza móvel, quaisquer movimentos desfavoráveis dos determinantes da dívida (câmbio, juros etc.) terminam exigindo esforço fiscal adicional, o qual, esbarrando no crescimento dos gastos, conduz ao aprofundamento dos contingenciamentos e à ampliação dos "restos a pagar", aumentando as incertezas da gestão orçamentária e comprometendo receitas futuras no orçamento.

À falta de horizonte soma-se a dificuldade em romper com a tradição setorial que comanda a estruturação da administração pública e com a prática incremental secularmente adotada por suas organizações para elaborar as propostas orçamentárias. Em vez de a decisão de gasto orientar-se pelos problemas que precisam ser solucionados, ela se orienta pela visão setorial de cada organização, que ainda sofre das freqüentes mudanças de orientação causadas pelo baixo nível de profissionalização dos quadros públicos. A conseqüência é o desperdício de recursos e a ineficácia das ações, que se multiplicam quando, como ocorre na maioria dos casos, a solução do problema depende da sintonia e da sincronia de ações executadas por várias organizações federais, estaduais e municipais.

Tabela 4
Despesas contingenciáveis e valor do contingenciamento
do orçamento geral da União
1998-2006

Ano	Total das despesas contingenciáveis (A)	Valor do contingenciamento (B)	(A)/(B) (%)
1998	41,1	6,9	16,7
1999	37,4	3,9	10,3
2000	42,5	8,6	19,9
2001	51,6	7,4	12,7
2002	61,8	17,6	28,5
2003	62,1	13,7	22,1
2004	66,8	6,0	9,0
2005	87,4	15,9	18,2
2006	92,1	14,1	15,3

Fonte: Comissão Mista de Orçamentos – Congresso Nacional.

Se as ações se desenvolvem de forma fragmentada, o resultado obtido fica sempre aquém do necessário e a responsabilidade de cada governante e de cada organização com respeito à solução dos problemas não pode ser estabelecida. Nesse caso, a falta de transparência impede a responsabilização das autoridades e os controles democráticos sobre o orçamento não podem ser exercidos. O formalismo predomina e a ênfase na legalidade (importante, mas não suficiente) obscurece a preocupação com o resultado da ação do governo para o desenvolvimento do país e o bem-estar de seu povo.

Com as incertezas que dominam a execução do orçamento, ele se torna inútil como instrumento capaz de orientar decisões e ações, tanto de agentes públicos quanto de agentes privados, se enfraquece. Além das causas já mencionadas, as incertezas orçamentárias também crescem com a prática recente da inscrição de "receitas condicionadas" e "receitas incertas" no orçamento. Como tais "receitas" são geralmente destinadas à cobertura de despesas obrigatórias, se as respectivas leis não forem aprovadas elas devem ser canceladas até 31 de julho do exercício fiscal, o que acaba exigindo que o governo promova cortes nas despesas discricionárias (principalmente investimentos) para compensar esses cancelamentos.

A agenda da reforma orçamentária

A preocupação com a qualidade da gestão pública põe em relevo a necessidade de avançarmos mais rapidamente em mudanças qualitativas na formulação e na gestão do orçamento federal. Entre as mudanças a serem contempladas, convém assinalar as seguintes:

- a submissão das decisões orçamentárias a diretrizes estratégicas estabelecidas mediante um amplo debate público, envolvendo as lideranças expressivas de toda a sociedade, e inscritas no plano plurianual de governo;
- a adoção de procedimentos que permitam contornar a rigidez orçamentária por meio de maior ênfase na melhoria da gestão do orçamento;
- o estabelecimento de novos processos e conceitos orçamentários que contribuam para reduzir o incrementalismo que restringe a possibilidade de redistribuição dos recursos disponíveis para atender mudanças nas prioridades nacionais.

Numa reforma orçamentária, o plano plurianual do governo (PPA) deveria ser objeto de lei complementar, estender-se por um horizonte de tempo maior – 10 anos, por exemplo –, limitar-se à definição de diretrizes e prioridades quanto à aplicação dos recursos públicos, inclusive estabelecendo garantias de recursos para o atendimento dessas prioridades, prever revisões periódicas nas metas em função de mudanças na conjuntura e manter o horizonte temporal constante por meio da adição de mais um ano a cada ano que passar. Nessas condições, o PPA assumiria o caráter de um planejamento estratégico do Estado brasileiro, reforçando a importância do planejamento para a eficiência e eficácia da gestão pública.

Além da busca de um entendimento sobre os objetivos estratégicos perseguidos, é necessário instituir procedimentos que viabilizem a reavaliação periódica dos programas em execução e criem possibilidades concretas de remanejamento dos recursos disponíveis. Sabemos que a rigidez do orçamento pode ser reduzida ou atenuada, mas não eliminada. A revisão dos direitos sobre os recursos orçamentários poderá eliminar privilégios e dar mais atenção às demandas de segmentos menos organizados e mais necessitados da sociedade, assim como a melhoria da situação macroeconômica poderá aliviar o peso dos compromissos financeiros do governo, mas isso não necessariamente conduz a uma ampla liberdade de escolhas no processo de elaboração do orçamento.

No primeiro caso, a atenção às demandas dos grupos menos organizados poderá exigir maior garantia de disponibilidade de recursos para atendê-las, dado o escasso poder desses grupos para defender seus interesses em uma negociação mais aberta. No segundo caso, pode ser necessário fazer acompanhar a redução dos encargos financeiros de uma redução da carga tributária para estimular o processo de crescimento.[27]

A adoção de procedimentos para facilitar a reavaliação dos programas em andamento é outra medida importante para dar mais flexibilidade ao orçamento. Para tanto, é necessário separar, nas propostas elaboradas pelos diferentes órgãos públicos, os recursos que se destinam à manutenção dos programas, no nível em que eles estão sendo executados, daqueles que têm por objeto expandir as atividades ou o escopo do programa em questão. Em ambos os casos, as propostas deveriam ser acompanhadas das justificativas necessárias para sustentar os pleitos encaminhados, de forma a permitir que programas ou atividades que não mais se justificam sejam abandonados e os recursos correspondentes sejam utilizados para financiar novas prioridades.

---

[27] A rigidez orçamentária não é uma característica particular do orçamento brasileiro. Recente estudo sobre o caso norte-americano mostrou que naquele país os direitos de diferentes grupos sociais sobre o orçamento absorvem uma parcela expressiva das receitas administradas pelo governo federal.

No nível organizacional, a exploração dos espaços para a melhoria da gestão orçamentária deve começar pelo desenvolvimento da capacidade de as organizações pensarem e agirem estrategicamente, em sintonia com as políticas estabelecidas pelo governo. Também é importante que se estabeleça uma maior interação das organizações governamentais com as populações beneficiárias das ações desenvolvidas para propiciar uma melhor adequação do gasto às necessidades locais e um mais efetivo controle da sociedade sobre o Estado.

Outra providência importante consiste em modificar a forma como os custos dos programas são estabelecidos. Na medida em que os cálculos dos custos das ações desenvolvidas nas diversas organizações governamentais sejam preponderantemente lastreados em previsões dos respectivos gestores, em vez de serem baseados em sistemas de contabilidade de custos, é grande o espaço para distorções. A adoção de métodos modernos de contabilidade nas organizações públicas pode não apenas reduzir desperdícios como também ser um instrumento importante para a melhoria da gestão.

Apêndice – O efeito cremalheira: uma demonstração

O efeito cremalheira resulta da utilização das contribuições sociais para gerar o superávit primário requerido pelas metas do ajuste fiscal. Como as receitas geradas por essas contribuições são vinculadas a gastos com a seguridade, uma emenda constitucional garante a desvinculação de 20% do total arrecadado. Mas, assim, abre espaço para o posterior aumento dos gastos, uma vez que 80% do total arrecadado têm que ser aplicados nos programas abrangidos pela seguridade. Assim, a cada ano, o aumento da arrecadação tem que ser maior do que o obtido no ano anterior para poder sustentar o mesmo nível de superávit, como fica adiante demonstrado.

Contabilmente o superávit primário do governo federal pode ser descrito pela seguinte equação:

$$SP_t = C_t + I_t - GF_t - GR_t - S \qquad (1)$$

Onde SP_t é o superávit, C_t é a arrecadação de contribuições, I_t é a arrecadação de impostos, GF_t são os gastos flexíveis, GR_t são os gastos rígidos e S_t são os gastos com seguridade, todos eles com referência no ano t. Tal equação pode ser reescrita na seguinte forma:

$$C_t = SP_t - I_t + GF_t + GR_t + S_t \qquad (1')$$

Suponha que, no ano $t + 1$, o governo decida aumentar seu superávit primário em Δ. Isso implicaria:

$$C_{t+1} = SP_t + \Delta - I_{t+1} + GF_{t+1} + GR_{t+1} + S_{t+1} \qquad (2)$$

Considerando que o aumento do superávit é inteiramente financiado por aumento nas contribuições sociais e que as outras rubricas permaneçam constantes:

$$C_{t+1} = C_t + \Delta \qquad (3)$$

Acontece que 80% da arrecadação das contribuições devem ser utilizados nos gastos com a seguridade, então, no ano $t + 2$, no qual a nova meta de superávit primário é mantida. Assim:

$$C_{t+2} = SP_t + \Delta - I_{t+2} + GF_{t+2} + GR_{t+2} + S_{t+1} + 0{,}8 \times \Delta \qquad (4)$$

onde $S_{t+2} = S_{t+1} + 0{,}8 \times \Delta$, isto é, o novo montante de gastos com seguridade deve ser o montante antigo acrescido de 80% do incremento da arrecadação com contribuições. Mas nesse caso, supondo-se ainda que as outras rubricas permaneçam constantes:

$$C_{t+2} - C_{t+1} = 0{,}8 \times \Delta \qquad (5)$$

Pode-se continuar com este exercício para obter o efeito de um aumento da meta de superávit no período t sobre o crescimento da arrecadação com contribuições no período $t + n$:

$$C_{t+n} - C_{t+n-1} = \Delta \times (0,8)^{n-1} \qquad (6)$$

Isso mostra que o aumento da meta de superávit no período $t + 1$ causa um aumento da necessidade de arrecadação não só no período $t + 1$, como também em todos os períodos subseqüentes.

A figura 28 mostra o funcionamento do efeito cremalheira na década 1995-2005 e a simulação desse efeito para a próxima década, supondo um aumento para 3,05% do superávit primário do governo federal e um limite de 22% do PIB para a carga tributária federal.

Figura 28
Evolução dos gastos do governo federal como % do PIB

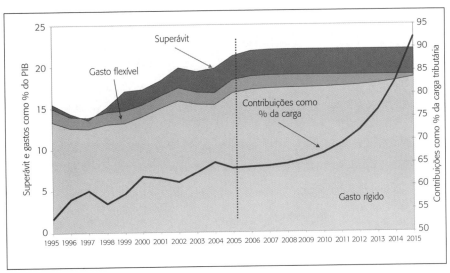

Como se verifica na figura 28, o grau de engessamento do orçamento federal cresce acentuadamente a partir de 1988 até 2005, acompanhando o crescimento da participação das contribuições sociais na carga tributária federal e o aumento do superávit primário. Mantido o mesmo padrão de ajuste fiscal do passado, esse comportamento se manterá na década 2005-15, mesmo na hipótese de um superávit constante e de um aumento da carga tributária federal.

Capítulo 2

Das origens do sistema tributário dual

*E suas conseqüências para o orçamento público,
a qualidade da tributação, os desequilíbrios federativos e a
ineficiência da gestão pública.*

O ovo da serpente: o processo constituinte, a Constituição de 1988 e suas conseqüências imediatas (1988-93)

O arranjo estruturado na Constituição de 1988 para conciliar a descentralização tributária com a ampliação dos direitos sociais mostrou-se muito rapidamente inconsistente para esses objetivos...

Encontra-se nas mudanças introduzidas pela Constituição de 1988, nos capítulos tributários e dos direitos sociais, a origem tanto das dificuldades que atualmente enfrenta o Estado brasileiro para implementar políticas essenciais para o desenvolvimento quanto dos problemas que abriram o caminho para a progressiva deterioração do sistema tributário e para o enfraquecimento da federação.

Não foi essa a intenção dos constituintes que, reunidos nos anos de 1987/88, elaboraram a nova Carta Magna do país. Movidos pelas pressões por mais autonomia federativa e por demandas pela universalização dos direitos da cidadania, eles reconstruíram mecanismos e instrumentos para reerguer a federação e resgatar a dívida social, em reação aos mais de 20 anos de regime militar e de autoritarismo, marcados por forte centralização da política tributária e fiscal e pelo primado do econômico sobre o social.

Contudo, o arranjo estruturado para essa finalidade revelou-se, logo em seguida, inconsistente, desencadeando reações que operaram em sentido contrário, ao conduzirem à adoção de um padrão de ajuste fiscal que se revelaria perverso para o próprio sistema tributário, a competitividade da economia, o orçamento público e a federação.

Os problemas gerados pela natureza do ajuste fiscal conduzido pelo governo federal foram se tornando evidentes à medida que o programa de estabilização implementado em 1994, o Plano Real, exigiu maior compromisso com a adoção de políticas de austeridade fiscal. Com a política econômica subordinada ao compromisso com o ajuste das contas públicas, o temor de perdas de receitas, por parte do governo federal, passou a impedir a realização de reformas abrangentes do sistema tributário, que corrigissem seus problemas de origem. Para mitigá-los, adotou-se a estratégia de nele realizar mudanças pontuais, as quais, além de insuficientes para corrigi-los, foram agravando suas distorções e transformando-o em instrumento que opera contra o crescimento econômico, a justiça fiscal e a própria federação.

Descentralização fiscal e direitos da cidadania: a dualidade tributária

> Movidos por sentimentos nobres de fortalecimento da federação e de ampliação dos direitos sociais, os constituintes de 1988 acabaram introduzindo, com a dualidade tributária criada com o distinto tratamento dado para impostos e contribuições, o ovo da serpente que perturba as finanças públicas e a vida econômica do país.

Os trabalhos do Congresso Constituinte foram marcados pela preocupação em atender as principais reivindicações da sociedade por mudanças, entre as quais figuravam a reformulação do sistema de distribuição federativa de receitas, visando fortalecer estados e municípios, o estabelecimento de maiores limitações ao poder de tributar do Estado, com o objetivo de proteger os contribuintes dos abusos cometidos neste campo pelo poder autoritário, e a destinação de maiores recursos para as políticas sociais, relegadas a um segundo plano nos mais de 20 anos de autoritarismo.

A responsabilidade para lidar com essas questões e apresentar um projeto de mudanças coerente com os objetivos pretendidos foi atribuída a duas comissões temáticas: a do Sistema Tributário, Orçamento e Finanças e a da Ordem Social. As propostas oriundas dessas comissões, após reunidas e aprovadas pelos respectivos membros, foram submetidas à Comissão de Sistematização, que deveria encarregar-se de ajustar o texto, eliminar superposições, dirimir conflitos pendentes e encaminhá-lo para votação na sessão plenária final.

Com autonomia, desde o início dos trabalhos do Congresso Constituinte, para tratar dessas matérias, as duas comissões trilharam caminhos coerentes com os objetivos perseguidos, mas, mirando objetivos próprios, suas propostas conduziram à formação de dois regimes tributários – um de impostos e outro de contribuições sociais –, dualidade que não foi alterada nem pela Comissão de Sistematização nem pela sessão plenária final.

A ordem tributária e a moldagem do sistema de impostos

Na comissão que tratou da ordem tributária, foram reafirmados e ampliados os princípios de defesa do contribuinte, como os da legalidade, anualidade, irretroatividade e isonomia, estabelecendo-se, portanto, claramente, os limites ao poder de tributar do Estado. Os campos tributários de cada ente federado foram claramente definidos, ficando restrita à União a possibilidade de exercer a competência tributária residual, mas condicionando o uso dessa faculdade à transferência de 20% de sua arrecadação para estados e municípios. Adicionalmente, proibiu-se a criação de impostos cumulativos (de incidência em cascata), de acordo com o art. 154, inciso I, da Constituição, para evitar distorções econômicas.

Com o objetivo de fortalecer as finanças dos estados e municípios, revertendo a equação da repartição de receitas que vigorou durante o regime militar, os constituintes aprovaram proposta que reduziu o campo de competência tributária da União, com a incorporação dos impostos únicos e especiais – sobre combustíveis e lubrificantes, energia elétrica, comunicações, minerais e transportes rodoviários – ao ICM, transformando-o no ICMS, e ampliou consideravelmente as transferências de receita dos dois principais impostos federais – o imposto de renda e o IPI – para os governos subnacionais.

Tais mudanças, que inevitavelmente acarretariam perdas de receita para a União, deveriam ser acompanhadas de um projeto de descentralização de encargos condizente com a nova realidade financeira e fiscal de cada ente federado e, também importante, de uma revisão dos critérios de rateio do sistema de partilha de receitas entre os governos subnacionais, visando dotar os entes federados com frágil base econômica de capacidade financeira para atender as demandas por políticas públicas. Enfim, de uma revisão mais ampla do modelo federativo herdado do regime militar, garantindo-lhe melhor equilíbrio, o que terminou não ocorrendo.

No caso da descentralização dos encargos, as dificuldades para definir responsabilidades em um contexto de fortes assimetrias federativas fez com que a lei complementar que deveria regulamentar essa matéria, estabelecendo os mecanismos de cooperação entre as três esferas de governo para a oferta de políticas públicas (art. 23, parágrafo único), não fosse editada.

Quanto à revisão dos critérios de partilha de receitas, transferiu-se também essa responsabilidade para o campo da legislação infraconstitucional (ADTC, art. 34, §2º), mantendo-se os mesmos critérios de repartição de recursos contemplados na reforma tributária realizada em 1966/67, com o que foram preservadas as regras que ao longo do tempo foram contribuindo para ampliar os desequilíbrios federativos.

Com a política adotada de remeter a uma lei complementar a responsabilidade para tratar de questões polêmicas, os constituintes inauguraram a prática de adiar o enfrentamento de aspectos de difícil solução, com o que contribuíram para o posterior acúmulo de distorções.

As propostas elaboradas pela Comissão do Sistema Tributário, Orçamento e Finanças construíram um dos termos da equação que, desenvolvida e aprovada em 1988, acarretaria conseqüências deletérias para a política fiscal. O outro foi elaborado na Comissão da Ordem Social.

A ordem social e a montagem do sistema de contribuições sociais

A Comissão da Ordem Social procurou responder a dois desafios:

- substituir o sistema de proteção social vigente até 1988, marcado, do ponto de vista de seu alcance e cobertura, pelo caráter excludente dos programas, por outro mais amplo, de caráter universal;
- ampliar e diversificar as bases de financiamento deste sistema, reduzindo sua dependência das contribuições incidentes sobre a folha de salários, com os objetivos de atenuar sua sensibilidade aos ciclos econômicos, diminuindo incertezas sobre suas receitas, e de romper com a associação até então existente entre contribuições e benefícios, o que era indispensável para o compromisso com a sua universalização.

Dessa combinação brotou uma estrutura paralela de tributos para o seu financiamento, divorciada dos princípios para eles estabelecidos na ordem tributária, especialmente os da anualidade e da não-cumulatividade.

A seguridade social

A ampliação e universalização dos direitos sociais foram acompanhadas da inclusão, no texto constitucional, do conceito de "seguridade social" que passava a substituir o conceito mais restrito de proteção social ao qual se associava a previdência.

Compreendendo as áreas da saúde, previdência e assistência social, o alcance e cobertura dos programas da seguridade social foram definidos no art. 194, em que se atribuiu a responsabilidade do poder público pela sua organização, garantindo:

- universalidade da cobertura e do atendimento;
- uniformidade e equivalência dos benefícios e serviços às populações urbanas e rurais;
- seletividade e distributividade na prestação dos benefícios e serviços;
- irredutibilidade do valor dos benefícios;
- eqüidade na forma de participação no custeio;
- diversidade da base de financiamento;
- caráter democrático e descentralizado da gestão administrativa com a participação da comunidade, em especial de trabalhadores, empresários e aposentados.

Complementando, o art. 201, §2º, acrescentou às garantias anteriores, a regra de que os benefícios previdenciários não seriam inferiores ao salário mínimo.

Para o financiamento da seguridade social, coerente com o objetivo de ampliar e diversificar suas fontes de custeio, a Constituição determinou, no art. 195, que a seguridade social contaria com as seguintes receitas:

- dos orçamentos de cada uma das três esferas de governo;
- das contribuições sociais dos empregadores, incidentes sobre a folha de salários, o faturamento e o lucro das empresas, e dos trabalhadores;
- da receita de concursos e prognósticos.

Estipulou, ainda, que outras fontes de financiamento poderiam ser criadas por lei para garantir a manutenção ou expansão da seguridade social.

Antes restritas à folha de salários, as contribuições passaram, portanto, a incidir também sobre a receita e o lucro das empresas, tendo em vista dar cobertura aos objetivos de universalização dos direitos sociais e reduzir a vulnerabilidade das receitas da seguridade social aos ciclos econômicos.

Também importante foi que, visando tornar essas receitas cativas e exclusivas dos programas da seguridade social, a esta foi atribuído um orçamento próprio, o orçamento da seguridade social (OSS), formalmente separado do orçamento fiscal. Para esse orçamento deveriam concorrer também os aportes de recursos de estados e municípios, o que daria corpo à cooperação financeira dos entes federados para sustentar a seguridade social.

A dualidade tributária

Dois fatores propiciaram a rápida expansão das contribuições para a seguridade. De um lado, combinados, o art. 149 da Constituição, que atribuiu competência exclusiva à União para instituir contribuições sociais para o financiamento de suas áreas de atuação, com o art. 195, §5º, que veda a criação, ampliação ou extensão de qualquer benefício sem a correspondente fonte de custeio, abriram a janela para sua maior exploração em caso de eventual insuficiência de recursos para os programas contemplados pela seguridade.

De outro, ao contrário dos impostos, cuja criação foi condicionada, *inter alia*, à observância dos princípios da anualidade e da não-cumulatividade, a cobrança das contribuições foi condicionada apenas à exigência da noventena (art. 195, §6º), não se submetendo à exigência de não-cumulatividade prevista no art. 154, inciso I, da Constituição. Além disso, diferentemente da exigência de destinação, para os governos subnacionais, de 20% da arrecadação dos impostos instituídos pela União, no exercício da sua competência residual (art. 157, inciso I), nenhuma regra de partilha foi estabelecida para as contribuições sociais, significando que suas receitas seriam inteiramente apropriadas pelo governo federal.

Assim, embora movidos por sentimentos nobres de fortalecimento da federação e de ampliação dos direitos sociais, os constituintes de 1988 acabaram introduzindo, com a dualidade tributária por eles criada, o ovo da serpente nas finanças públicas e na vida econômica do país.

Quadro 5
Dualidade tributária: regimes distintos para figuras idênticas

Regras	Impostos tradicionais	Contribuições sociais
Princípios		
❏ Legalidade	Sim	Sim
❏ Anualidade	Sim	Não (noventena)
❏ Vinculação à despesa específica	Não	Sim
Incidência		
❏ Não-cumulativos	Sim	Não
Repartição das receitas com outras esferas	Sim	Não

Os resultados iniciais da Constituição de 1988

Nos primeiros anos posteriores à nova Constituição, os governos subnacionais obtiveram ganhos financeiros expressivos, mas com a rápida reversão desse quadro, que resultou da crise econômica dos anos 1990, coube à União assumir integralmente a responsabilidade pelo financiamento da seguridade social.

Promulgada, a nova Carta Constitucional gerou efeitos rápidos para ambos os objetivos assinalados: a descentralização das receitas tributárias em favor de estados e municípios e a ampliação dos recursos públicos voltados para a cobertura dos direitos sociais.

A descentralização tributária

Nos primeiros cinco anos que se seguiram à entrada em vigor dos novos dispositivos constitucionais, a repartição das receitas tributárias na federação confirmava a perda de posição da União e os ganhos dos governos subnacionais. Ao longo desse período, a União perdeu posição com respeito à sua participação no conjunto das receitas disponíveis, enquanto crescia a parcela apropriada por estados e municípios. Cabe observar, entretanto, que os ganhos dos estados não se sustentaram, revelando desde o início que os municípios seriam os maiores beneficiários da descentralização fiscal promovida em 1988 (figura 29).

Figura 29
Evolução da divisão federativa da receita tributária disponível – 1988-93 (em % do total)

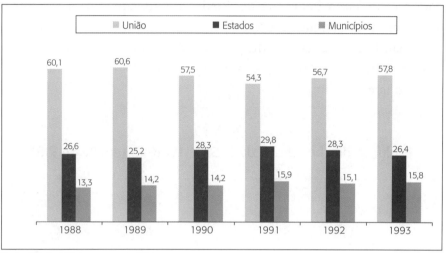

Fonte: Tabela A17 do anexo estatístico.

O aumento dos encargos sob a responsabilidade da União

No campo dos direitos sociais, a universalização da previdência gerou um forte impacto financeiro. Com a extensão do Regime Geral da Previdência Social (RGPS), até então restrito aos trabalhadores urbanos, a todos os trabalhadores formais, a garantia de renda mensal vitalícia para os trabalhadores informais, a instituição do piso de um salário mínimo para todos os benefícios previdenciários e recomposição promovida no valor dos benefícios para corrigir distorções anteriores, os gastos com a previdência explodiram.

A figura 30 mostra como os benefícios do INSS, que correspondem aos direitos individuais abrangidos pela seguridade social, cresceram a uma velocidade extraordinária a partir das novas regras adotadas pela Constituição de 1988. Os gastos com essa rubrica, que representavam, em 1988, pouco mais de 1% do PIB, ingressaram numa trajetória de rápido crescimento, praticamente quintuplicando em apenas cinco anos, quando atingiram 5,14% do PIB.

Com essa forte pressão, tornava-se claro ser imprescindível contar com a cooperação financeira de estados e municípios para garantir o atendimento dos direitos coletivos (saúde e assistência) que compunham os demais braços da seguridade, para o que se contava com os ganhos da descentralização tributária que estes haviam obtido. Não foi isso, entretanto, o que ocorreu.

Figura 30
Evolução dos benefícios do INSS – 1988-93 (em % do PIB)

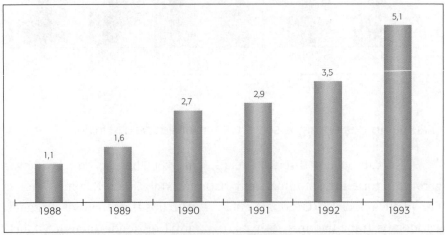

Fonte: Secretaria do Tesouro Nacional, Execução Orçamentária da União.

Como vimos, ao contrário do que estabelecera a Constituição, nenhuma iniciativa foi tomada para se regulamentar o art. 23, parágrafo único que determinava a criação, por lei complementar, de normas de cooperação financeira entre as distintas esferas de governo no campo das políticas públicas. De outra parte, em virtude da crise econômica em que mergulhou o país nos primeiros anos da década de 1990, enfraqueceram-se os ganhos da descentralização tributária obtidos pelos governos subnacionais, notadamente os dos estados, os quais, também engajados na "guerra fiscal" para atrair investimentos viram a arrecadação de seu principal imposto, o ICMS, ingressar numa trajetória de declínio, como mostra a figura 31.

A ausência de regras relativas à cooperação financeira das esferas subnacionais para o financiamento de programas sociais, aliada ao enfraquecimento dos ganhos da descentralização levaram os governos subnacionais a não dar as respostas esperadas para a sustentação da proposta da seguridade social, num contexto em que o governo federal também via reduzir-se sua capacidade financeira.

Diante disso, para atender as novas responsabilidades que foram atribuídas ao Estado, pela Constituição de 1988, o governo federal daria início, já a partir do primeiro ano após a sua promulgação, a um processo de ajustamento de suas finanças que, pela sua natureza, se revelaria altamente prejudicial para o sistema tributário, para a competitividade externa da economia e para a própria federação. O ovo da serpente, gerado pelos constituintes, começava a despertar.

Figura 31
Evolução da arrecadação do ICMS – 1988-93 (em % do PIB)

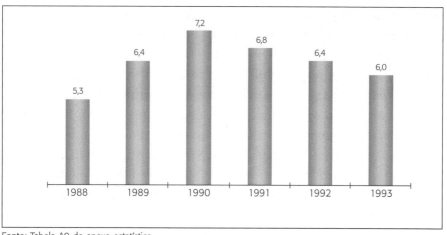

Fonte: Tabela A9 do anexo estatístico.

A reação do governo federal: abrindo a "caixa de Pandora"

> No ajuste que realizou para atender as determinações constitucionais, o governo federal procurou explorar contribuições não-compartilhadas com estados e municípios, com prejuízos para a competitividade externa da economia, para o sistema tributário e para a própria federação.

Tanto o ambiente econômico quanto a situação do Estado brasileiro, à época das mudanças introduzidas pela Constituição de 1988 nos capítulos do sistema tributário e dos direitos sociais, não se apresentavam favoráveis para acomodar as pressões de gastos que surgiram combinadas com uma situação de redução das receitas tributárias do governo federal.

O ambiente macrofiscal

No campo econômico, o país vinha, desde meados da década de 1980, ameaçado por um processo hiperinflacionário, apenas adiado com a implementação de programas de estabilização em 1986 (Plano Cruzado) e em 1987 (Plano Bresser), que se mostraram malsucedidos para esse propósito. Em 1988, ano de promulgação da Constituição, a inflação atingiu temerários 1.117%, de acordo com o IGP-DI da FGV, e, para evitar um descontrole ainda maior, o governo lançou, no dia 15 de janeiro de 1989, o Plano Verão, que, como os anteriores, terminou se revelando de fôlego curto como programa de estabilização, transferindo para o governo seguinte a responsabilidade pelo controle da inflação.

No campo fiscal, onde se encontravam os principais focos de pressão inflacionária, o setor público consolidado incorria em acentuados desequilíbrios, magnificados pelo quadro de instabilidade e pela adoção de políticas expansionistas do governo Sarney. Em 1988, o déficit nominal do setor público atingiu o nível de 5,74% do PIB, elevando-se para 6,9% no ano seguinte, quando foi registrado déficit, no conceito primário, de 1% do PIB.

Foi nesse contexto de deterioração do quadro macrofiscal que o governo federal procurou responder aos desafios colocados pela Constituição de 1988, buscando, ao mesmo tempo, reverter a ameaça do processo hiperinflacionário. Ambos os objetivos exigiam, para viabilizar-se, o fortalecimento de suas finanças.

Com o insucesso da "operação desmonte" de 1989, quando o governo federal procurou cortar gastos que eram anteriormente financiados com os impostos únicos e especiais, que foram transferidos para o campo de competência dos estados, o ajuste terminou apoiando-se predominantemente no lado das receitas, explorando a janela aberta para a cobrança das contribuições sociais previstas no art. 195 da Constituição Federal.

A expansão das contribuições sociais

Ainda no final de 1988, a aprovação da contribuição social sobre o lucro líquido das empresas (CSLL), com alíquota de 8% para as empresas em geral e de 12% para o setor financeiro, a última para vigorar em 1989, daria início ao processo de montagem do padrão de ajuste fiscal adotado, que teria na maior exploração das contribuições seu alvo prioritário, dadas as condições favoráveis à sua cobrança – maior facilidade de aprovação e alto rendimento fiscal, não-sujeição aos princípios da anualidade e da não-cumulatividade, afora o não-compartilhamento de sua arrecadação com estados e municípios. Nesse contexto, a dominância macroeconômica jogava para o lado qualquer preocupação com a qualidade do sistema tributário.

Com o ambiente macrofiscal se deteriorando progressivamente, este padrão foi aprofundado nos anos seguintes com a implementação do Plano Collor em 1990, com o qual se procurou realizar um ajuste fiscal confiável, reverter novamente o processo hiperinflacionário e, apoiado no paradigma do Consenso de Washington, dar início ao processo de abertura da economia.

No ajuste realizado, a alíquota do Finsocial, que se transformaria no ano seguinte (1991) na Cofins, foi elevada de 0,6% para 2%, o PIS teve ampliado seu campo de incidência e, com uma alíquota de 8%, foi cobrado IOF sobre o estoque da riqueza financeira, explorando receitas não compartilhadas com estados e municípios e modificando a distribuição federativa das receitas tributárias resultante da Constituição de 1988. Com essas mudanças, a carga tributária saltou de 24,1% do PIB, em 1989, para 28,8% em 1990, recuando para cerca de 25%, em média, no triênio seguinte (1991-93), à medida que esgotaram-se os efeitos das medidas de efeitos transitórios, como foi o caso da cobrança do IOF.

Como os planos anteriores, o programa de estabilização do governo Collor terminou fracassando em seu principal objetivo, embora tenha obtido efêmero sucesso no controle das contas públicas. Como resultado do ajuste realizado, o setor público consolidado conseguiu obter um superávit operacional de 1,38% do PIB, em 1990, e alcançar um equilíbrio no ano seguinte, ajudado pelos resultados positivos dos governos subnacionais. Em 1992 e 1993, contudo, os déficits retornaram à cena, num contexto em que os sinais de ameaça da hiperinflação voltavam a se tornar fortes, atingindo, para o setor público consolidado, 1,74% do PIB no primeiro ano e 0,71% no segundo.

Embora o desequilíbrio das contas públicas tenha diminuído, esse resultado não foi alcançado sem prejuízos para o sistema tributário, a competitividade da economia e a federação, enquanto aumentava o conflito na área da seguridade social com respeito ao avanço dos direitos individuais sobre as receitas de contribuições em prejuízo do atendimento dos direitos coletivos.

Na contramão da competitividade

Em relação ao sistema tributário e à competitividade externa da economia, a expansão das contribuições sociais ajudava a deterioração de sua qualidade, com tributos cumulativos aumentando sua participação na arrecadação federal. Entre 1988 e 1993, a arrecadação das contribuições sociais gerais (PIS, Cofins e CSLL) mais do que duplicou.

Como resultado desse movimento, sua participação nas receitas da União passou de 8,5% em 1988 para 19,2% em 1993, enquanto a dos impostos foi reduzida de 50,8% para 42,7%, o que já apontava para o aumento, que viria a se acentuar posteriormente, do grau de cumulatividade do sistema tributário do país. Se às contribuições sociais gerais adicionarmos as contribuições incidentes sobre a folha de salários (INSS e FGTS), tem-se que, em conjunto, elas passaram a responder por mais da metade de toda a receita tributária da União (figura 32).

Figura 32
Arrecadação tributária federal – 1988 e 1993

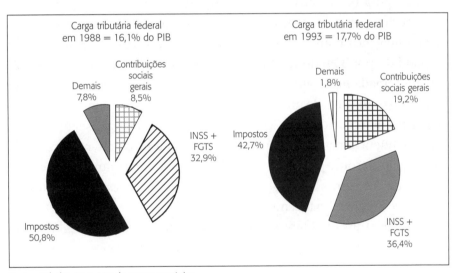

Fontes: Tabelas A9 e A15 do anexo estatístico.

No tocante à distribuição federativa das receitas tributárias, o governo federal conseguiu, com a estratégia adotada de explorar tributos não compartilhados com estados e municípios, reverter a estrutura de repartição que brotou da Constituição de 1988 e praticamente retomar, já em 1994, a fatia do "bolo tributário" que detinha anteriormente à implementação das mudanças constitucionais.

Enquanto isso, no interior da seguridade social o avanço dos gastos previdenciários sobre os demais programas explicitou o conflito entre os direitos individuais (previdenciários) e os direitos coletivos (assistência e saúde) amparados pelo mesmo regime de garantias financeiras. Nesse conflito, os direitos individuais foram se apropriando de uma parcela crescente dos recursos vinculados ao setor, reduzindo a disponibilidade de recursos para as demais áreas. O caso da saúde é exemplar a esse respeito.

A crise de financiamento da saúde

Em 1993, a crise de financiamento da saúde se agravou quando, nessa disputa por receitas que se acentuou no interior da seguridade, o INSS cortou parte do repasse de recursos destinados para essa área, embora ainda, nesse ano, a contribuição sobre a folha de salários tenha respondido por 33% do total de suas receitas.[28] Na seqüência, a decisão que foi tomada nesse ano de tornar a arrecadação do INSS sobre a folha de salários exclusiva da previdência, reduziu consideravelmente nos anos seguintes os recursos para as demais áreas incluídas na seguridade. A crise de financiamento da saúde só foi mitigada mediante repasses realizados pelo Tesouro Nacional e também pelos empréstimos feitos pelo Fundo de Amparo ao Trabalhador (FAT) para a cobertura de parte de suas necessidades financeiras.

De acordo com Mansur (2001), essa situação se agravaria nos anos seguintes, quando a previdência social, além de absorver a integralidade

---

[28] De acordo com o art. 55 do Ato de Disposições Constitucionais Transitórias (ADTC) da Constituição de 1988, até que aprovada a Lei de Diretrizes Orçamentárias, 30%, no mínimo, do orçamento da seguridade social (OSS), excluído o seguro-desemprego, deveriam ser destinados ao setor de saúde. Com o agravamento da crise da previdência, em 1993, quando foram implantados os direitos sociais contemplados na Constituição, como a extensão dos direitos dos trabalhadores urbanos aos rurais, o novo cálculo da aposentadoria e o novo piso equivalente a um salário mínimo, houve redução de 20% para 14,5% da arrecadação previdenciária destinada à saúde, seguindo-se depois a extinção dessa transferência, justificada pela necessidade de atender ao aumento da demanda por recursos para pagamento de benefícios (Mansur, 2001).

das receitas das contribuições sobre a folha de salários, passou a receber maior percentual de recursos da Cofins e da CSLL, prejudicando ainda mais o financiamento da saúde. Com a instituição do Fundo Social de Emergência (FSE), em 1994, que desvinculou 20% das receitas das contribuições sociais, a crise de financiamento da saúde atingiu seu auge.

Os dados contidos na figura 33 comprovam as dificuldades vividas pela área da saúde, nesse período, para garantir o objetivo de universalização de seus serviços, de acordo com a Constituição de 1988. Como se percebe, os recursos para ela destinados pelas três esferas de governo ingressam numa trajetória de acentuado declínio, especialmente por parte do governo federal, com a breve recuperação de 1993 sendo interrompida no ano seguinte, com a decisão tomada pelo governo de tornar exclusiva, para o financiamento da previdência social, a arrecadação do INSS.

Figura 33
Evolução do gasto público em saúde por esfera de governo –
1989-94 (conceito de origem dos recursos –
número índice: 1989 = 100)

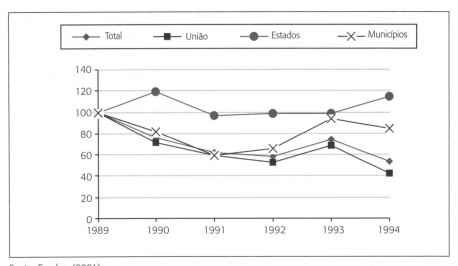

Fonte: Fundap (2001).

A criação da CPMF, em 1996, sob a justificativa de que sua arrecadação deveria compor o financiamento da saúde também não resolveu o problema. Após sua criação, foram reduzidos os repasses de outras receitas para o setor, como a da Cofins, por exemplo, que diminuíram 53%, ainda de acordo com Mansur (2001), tendo ocorrido apenas uma *substituição de fontes*, com a ampliação dos recursos para a saúde ficando muito aquém do esperado.

A crise de financiamento da saúde marca o rompimento com o princípio de solidariedade no financiamento e na gestão da seguridade social. Com ela, o rompimento da fronteira que deveria separar os orçamentos fiscal e da seguridade social ficou claramente exposto. Contudo o não-reconhecimento oficial desse fato continuou gerando problemas para as finanças nacionais.

A proposta de revisão constitucional: uma oportunidade perdida

Tendo se demonstrado perverso para o crescimento econômico, a competitividade externa e para as políticas sociais, com a implosão do conceito de seguridade, ficava claro que uma nova reforma do sistema tributário e da ordem social seria indispensável para a correção do arranjo estruturado na Constituição de 1988 para esses objetivos. No entanto, a oportunidade de fazer as reformas na revisão constitucional de 1993 foi perdida.

Orientado pelos objetivos de fortalecimento da federação e do resgate da dívida social, o arranjo estruturado pela Constituição de 1988 para essa finalidade mostrou-se rapidamente inconsistente, despertando movimentos defensivos por parte do governo federal, os quais, além de praticamente inviabilizá-los, agregariam problemas adicionais para o país.

Como vimos, o financiamento da seguridade, para ser viabilizado, dependia da destinação voluntária de recursos no orçamento dos governos subnacionais, o que não ocorreu diante do desempenho negativo da economia, que anulou boa parte dos ganhos obtidos com a descentralização tributária, e por não se ter avançado no entendimento de um projeto de descentralização de encargos e na criação de mecanismos de cooperação financeira intergovernamental.

Com responsabilidades ampliadas, o governo federal passou a lançar mão de contribuições sociais para recuperar receitas, ao mesmo tempo em que reduzia as transferências voluntárias para estados e municípios e assistia à disputa entre saúde e previdência pelos recursos vinculados à seguridade.

As conseqüências do avanço das contribuições sociais

A maior exploração das contribuições sociais não compartilhadas com estados e municípios permitiu que o governo federal revertesse suas perdas na repartição do "bolo tributário", mas enfraqueceu a federação, acrescentou alguns graus de dificuldade a mais no processo orçamentário e colocou o sistema tributário na contramão do crescimento econômico e da justiça fiscal.

Com o avanço das contribuições na composição das receitas do governo federal, aumentou o grau de engessamento de seu orçamento, ao mesmo tempo em que os governos subnacionais viram as transferências voluntárias de recursos da União ser substituídas por transferências vinculadas a gastos específicos – saúde e assistência. Nesse processo, em que a redução do grau de autonomia sobre a alocação de recursos se estendia também aos governos estaduais, a multiplicação de mecanismos de partilha de receitas tributárias operava, em conjunto, para a ampliação dos desequilíbrios federativos.

No tocante ao crescimento econômico e à justiça fiscal, o aumento da participação das contribuições no espaço tributário, num contexto em que tinha início o processo de abertura da economia, deixou antever dificuldades crescentes para esses objetivos. Por se tratar de impostos de incidência cumulativa (em cascata), as contribuições, além de contrárias ao princípio da competitividade da produção nacional, geram efeitos perversos para a eqüidade fiscal, dadas suas características regressivas, limitando a expansão do mercado interno.

Assim, passados apenas cinco anos da promulgação da Constituição, era evidente que uma reforma do sistema tributário e a revisão da proposta da seguridade social seriam necessárias para corrigir o inconsistente arranjo que dela brotou, o que poderia ser feito com o processo de revisão constitucional previsto para o final de 1993. Contudo, o momento que o país vivia, com o recente *impeachment* do presidente Collor de Mello e a preparação e o lançamento do Plano Real, em 1994, contribuiu para que essa oportunidade fosse perdida, fazendo com que os problemas que vinham se acumulando terminassem se ampliando, com o aprofundamento do mesmo padrão de ajuste adotado.

Euforia e crise: o Plano Real e o agravamento dos problemas fiscais (1994-98)

As reformas previstas para 1993/94, que poderiam corrigir os problemas derivados de decisões incorporadas à Constituição de 1988, terminaram não sendo realizadas por se tratar de um período de eleições presidenciais.

Se havia alguma possibilidade, antes do lançamento do Plano Real, de correção dos problemas colocados em 1988, com a revisão do texto constitucional prevista para o final de 1993, de acordo com o Ato das Disposições Constitucionais Transitórias (ADTC), esta rapidamente se desfez, devido ao adiamento de seu início por seis meses sob a alegação de não se contar com um projeto mínimo para dar início aos debates e à proximidade das eleições presidenciais. Nesse caso, considerou-se mais sensato o encaminhamento das propostas de reforma para o Congresso no ano seguinte (1995) pelo candidato que fosse eleito.

Sem poder contar com as reformas constitucionais que poderiam modificar a qualidade do ajuste fiscal e diante da ameaça de instauração de um novo processo hiperinflacionário, o governo cuidou de realizar um ajuste provisório, precário, e jogar na âncora cambial a responsabilidade pelo represamento dos preços. Mantido por tempo prolongado, depois da euforia inicial gerada com os resultados alcançados com o

Plano Real, especialmente no tocante à estabilidade da moeda, esse arranjo, marcado por uma política fiscal frouxa somada a crescentes desequilíbrios das contas externas, ampliaria os desequilíbrios e os problemas fiscais mencionados na seção anterior, que se acentuaram em face do quadro de instabilidade que se abateu sobre a economia internacional, com forte repercussão no país.

O ajuste fiscal provisório e os resultados iniciais do Plano Real

> Sem as reformas, com o lançamento do Plano Real, o governo federal optou por realizar um ajuste fiscal provisório apoiado nos mesmos elementos do padrão adotado no período anterior, ampliando as distorções com ele provocadas.

Na ausência de reformas no texto constitucional, a equipe econômica optou pela realização de um ajuste fiscal transitório para o lançamento do Plano Real, em julho de 1994, dando continuidade ao mesmo padrão que vinha sendo adotado, o que ampliou as distorções que o ajuste fiscal vinha acarretando para a economia, para as políticas sociais e para a federação. Entre as principais peças desse ajuste cabe destacar:

- o lançamento, em junho de 1993, do Plano de Ação Imediata (PAI), voltado para a racionalização dos gastos públicos, o aumento das receitas e o maior disciplinamento das finanças dos governos subnacionais, notadamente das ações dos bancos estaduais, tidos como os canais que permitiam, aos últimos, praticamente operar sem restrições orçamentárias;
- a criação de um imposto provisório incidente sobre a movimentação ou a transmissão de ativos financeiros (IPMF), aprovado pela EC nº 03, de 17 de março de 1993, para ser cobrado até 31 de dezembro de 1994, à alíquota máxima de 0,25%. De *incidência cumulativa*, esse imposto, apesar de transitório, aumentaria a participação dos tributos dessa natureza na carga tributária nesse ano;

❏ o aumento das alíquotas do imposto de renda das pessoas físicas (IRPF) de 10% para 15% e de 25% para 26,6% e a criação de uma alíquota adicional de 35% para vigorarem nos exercícios de 1994/95;
❏ a criação do Fundo Social de Emergência (FSE), aprovado por emenda constitucional em março de 1994, com o objetivo de reduzir o grau de enrijecimento do orçamento federal. Com o FSE a União ficou autorizada a desvincular 20% da arrecadação dos impostos e contribuições sociais de sua competência prejudicando, com isso, estados, municípios e as políticas sociais que recebiam esses recursos. Ao transferir parcela das receitas das áreas sociais para o orçamento fiscal, deu continuidade à desmontagem da fronteira entre esse orçamento e o da seguridade social, garantindo sua implosão, e, portanto, do arranjo que fora construído na Constituição de 1988.

Contando com esse ajuste, que se pretendia provisório, o Plano Real apoiou-se nos seguintes pilares: na administração do câmbio, que constituiria sua principal âncora; na manutenção de elevadas taxas de juros, com o que procurou-se manter sob controle a demanda interna e garantir o ingresso de capitais externos no país; e na rápida abertura comercial, visando aumentar o grau de exposição da economia brasileira à concorrência internacional e colher ganhos no processo de combate à inflação.

Os resultados favoráveis colhidos em 1994 foram responsáveis pela euforia que se instalou no país, e são eles que podem ajudar a entender o afrouxamento da política fiscal que se observou, por parte dos distintos níveis de governo, na etapa inicial do Plano Real, o que reduziu a importância da âncora fiscal para a sua sustentação, antes considerada vital para a estabilização monetária.

De fato, a rápida queda da inflação associou-se ao crescimento da economia, que atingiu o nível de 5,85% do PIB em 1994, enquanto a carga tributária bruta, favorecida também pelo ajuste fiscal provisório que foi realizado, saltou de 25,3% do PIB para 29,7% no mesmo ano, registrando-se importantes ganhos para todos os níveis de governo. Além disso, com a maior flexibilidade orçamentária propiciada pelo FSE, o governo federal conseguiu operar o orçamento de acordo com suas necessidades e com os seus compromissos no campo fiscal.

Como resultado, depois de dois anos consecutivos incorrendo em déficits operacionais, o setor público consolidado voltou a registrar um expressivo superávit primário de 5,21% do PIB em 1994 (mais que o dobro do obtido em 1992), para o que contribuíram todos os seus segmentos (governo central, estados, municípios e empresas estatais). Mas esses ganhos foram rapidamente dissipados.

Alimentando a serpente: a política fiscal frouxa e a arquitetura do Plano Real

À euforia provocada pelos resultados do Plano Real associou-se a implementação de uma política fiscal frouxa, que, combinada com a sobrevalorização do câmbio e com a manutenção de altas taxas de juros, aumentou tanto os desequilíbrios financeiros do setor público quanto os das contas externas.

Eficiente no combate à inflação, o Plano Real, à exceção do primeiro ano de sua implantação, concorreu para a ampliação do desajuste das contas públicas, assim como das contas externas, devido à sua arquitetura.

Desajuste das contas públicas

No tocante às contas públicas, a extinção do imposto inflacionário desfez o véu monetário que recobria as finanças dos distintos níveis de governo, pondo cobro a um importante instrumento de redução real de seus gastos e de ajustamento de suas contas: a corrosão inflacionária. Na outra ponta, as expressivas receitas, obtidas nos anos de alta inflação por meio de aplicações no sistema financeiro, também desapareceram. Operando às avessas, o efeito Tanzi desnudou e agravou a realidade orçamentária de todos os níveis de governo.

Além disso, a euforia que despertou os resultados iniciais do Plano Real estimulou os administradores públicos a conceder generosos aumentos salariais para o funcionalismo público, seja por se tratar de um ano eleitoral (1994), seja pela expressiva melhoria da arrecadação registrada nos dois primeiros anos de vigência do real.

No caso do governo federal, o reajuste do salário mínimo acima da inflação fez com que os benefícios do INSS, que haviam se reduzido como proporção do PIB em 1994, diante do crescimento da economia, voltassem a crescer, atingindo 5,85% em 1998. De outra parte, uma correção de 23% nos salários dos servidores ativos, em 1995, teve efeito passageiro, pois os gastos com pessoal do governo federal, que haviam subido em decorrência desse aumento, recuaram nos anos seguintes para os níveis iniciais do período, como proporção do PIB, como mostra a figura 34.

Figura 34
Itens da despesa federal – 1994-98 (% do PIB)

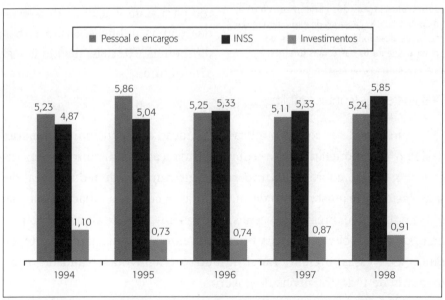

Fontes: Execução Orçamentária da União (STN), para 1994, e tabela A5 do anexo estatístico, para os demais anos.

Essa maior pressão sobre os gastos correntes vai se tornar uma constante a partir desse período, como resultado da própria natureza do padrão de ajuste fiscal adotado, o qual, paradoxalmente, concorre para o crescimento desses gastos e afeta negativamente a capacidade de realização de investimentos pelo governo. Como mostra a figura 35, os investimentos da União, como proporção do PIB, reduzem-se sensivelmente a partir de 1994, tendência que se acentuará ainda mais a partir de 1999, quando o governo assumirá compromissos com a geração de elevados e crescentes superávits primários para controlar o crescimento da dívida pública.

Não surpreende, diante do crescimento dos gastos gerados pela euforia despertada com os resultados do Plano Real, que os ganhos obtidos com o ajuste fiscal provisório tenham rapidamente se esfumado. Já em 1995, o setor público consolidado, depois de ter conseguido gerar um superávit primário de 5,2% do PIB, em 1994, viu-o reduzir-se para modestos 0,3% do PIB.

Figura 35
Resultados primários do setor público – 1994-98 (% do PIB)

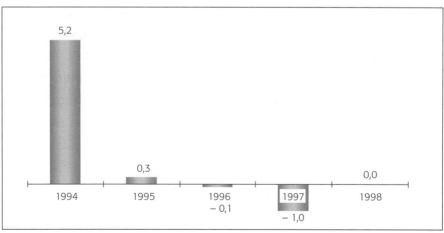

Fontes: Bacen para 1994 e tabela A4 do anexo estatístico para os demais anos.

Diante disso, mesmo com a extinção do componente inflacionário, o déficit nominal do setor público apresentou-se elevado em 1995, tendo atingindo o nível de 7,3% do PIB, respondendo os governos subnacionais – estados e municípios – por 50% de seu total, o governo central por 33% e as empresas estatais por 17%. Até o ano de 1998, quando o país, fortemente afetado pelo *efeito contágio* das crises externas, dará início a uma segunda fase de ajuste de suas finanças, a política fiscal se manterá frouxa, produzindo déficits primários e elevados resultados nominais negativos. Em todos esses anos, estados e municípios se destacarão como os principais agentes deste desequilíbrio, respondendo por cerca de 50% de seu total.

Desajuste das contas externas

Em relação às contas externas, a forte apreciação do câmbio, combinada com a política de acelerada abertura comercial da economia brasileira, transformou, em muito pouco tempo, uma situação favorável de geração de elevados superávits na balança comercial e de quase-equilíbrio na conta corrente em apreciáveis e crescentes déficits.

Como mostra a figura 36, tendo registrado um superávit de US$ 13,3 bilhões na balança comercial e um pequeno déficit na conta corrente de US$ 675 milhões, em 1993, esses resultados apresentaram piora significativa nos anos seguintes. À queda do saldo positivo na balança comercial para US$ 10,5 bilhões, já em 1994, seguiram-se elevados e crescentes déficits que atingiram US$ 6,6 bilhões em 1998. Já os déficits na conta corrente cresceram a uma velocidade espantosa: de US$ 1,8 bilhão, em 1994, saltam para US$ 18,4 bilhões em 1995 e, sempre em trajetória ascendente, atingem US$ 33,4 bilhões em 1998, o correspondente a 4,24% do PIB.

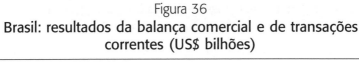

Figura 36
Brasil: resultados da balança comercial e de transações correntes (US$ bilhões)

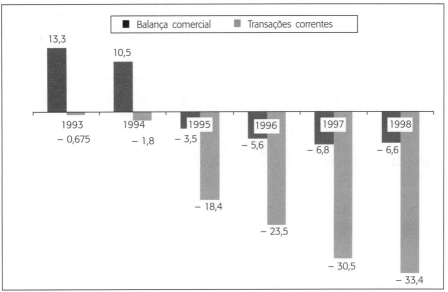

Fonte: Ipeadata.

As conseqüências dos desequilíbrios fiscal e externo

A combinação de uma política fiscal interna frouxa, com uma política monetária de altas taxas de juros e uma política cambial favorável à geração de significativos desequilíbrios nas contas externas, elevou rapidamente o endividamento do país: em apenas quatro anos, a relação entre a dívida líquida do setor público e o PIB, que era de 30%, em 1994, evoluiu para 41,7% em 1998, como mostra a figura 37, tendo sido contida neste nível apenas pela forte valorização conhecida pelo real, já que cerca da metade de seu total referia-se à dívida externa. Em 1999, com a desvalorização da moeda nacional, essa relação daria um salto para 48,7%.

Nesse quadro, em que se acentuavam a vulnerabilidade externa da economia brasileira e a fragilidade financeira do setor público, a crise da economia mexicana, no início de 1995, que apresentava fundamentos semelhantes aos do Brasil, deixou claros os riscos que o Plano Real corria, caso providências não fossem adotadas para corrigir os desequilíbrios que estava gerando e para fortalecer a âncora fiscal. Assim, o governo adotou medidas para permitir o deslizamento lento do câmbio e, no campo fiscal, sem ousar enfrentar o desafio de reformas abrangentes, aprofundou o padrão do ajuste anterior, realizando uma nova rodada de mudanças pontuais, as quais, insuficientes para os objetivos perseguidos, ampliariam as distorções que este vinha provocando para a competitividade da economia, a federação e as políticas sociais.

Figura 37
Dívida líquida do setor público (DLSP) – 1993-99 (em % do PIB)

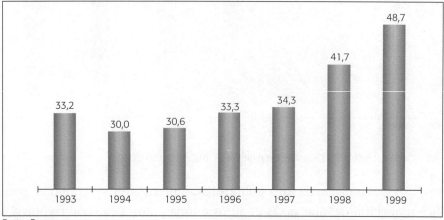

Fonte: Bacen.

Medidas frágeis em um quadro de fortes desequilíbrios: o aumento das distorções

A elevação da carga tributária, obtida predominantemente com o aumento das contribuições sociais traria, como resultado, o aumento dos gastos correntes protegidos por alguma norma constitucional/legal e maiores prejuízos para o sistema tributário, a competitividade externa da economia, os investimentos, a federação e para a própria gestão orçamentária.

É possível que o governo do presidente Fernando Henrique Cardoso estivesse, no primeiro ano de seu mandato, imbuído do compromisso de realizar reformas mais abrangentes no campo fiscal, tanto que, além de aprovar uma importante reforma do imposto de renda da pessoa jurídica (IRPJ), em 1995, encaminhou, para apreciação do Congresso Nacional, em cumprimento ao acordo celebrado em 1994 e às determinações da Constituição de 1988, propostas de reformas nas áreas tributária, previdenciária e administrativa, sob a forma de projetos de emendas constitucionais (PECs).

Se houve, de fato, interesse em implementar essas reformas e colocá-las operando em prol do crescimento econômico sustentado e das políticas sociais, esse rapidamente se desfez diante dos fortes desequilíbrios fiscais e externos e da onda de instabilidade que se abateu sobre a economia internacional, derrubando, em efeito dominó, as economias do México, em 1995, do Sudeste asiático, em 1997, e da Rússia, em 1998.

Medidas provisórias para ajustar as contas públicas

Nessa situação, tornou-se imperativo melhorar a blindagem da economia brasileira aos efeitos das crises externas e as mudanças passaram a ser orientadas pelos objetivos de curto prazo do ajuste fiscal, campo em que os desequilíbrios se acentuavam, comprometendo a capacidade de solvência do Estado brasileiro e tornando-o presa fácil dos especuladores globais.

Por essa razão, se as reformas administrativa e previdenciária terminaram contando com o empenho do governo federal para sua aprovação por se traduzirem em economia de gastos e criarem instrumentos que facilitariam o ajuste requerido – como, por exemplo, a possibilidade de demissão do funcionalismo público –, a proposta de reforma tributária, pela sua abrangência, esbarrou em sua oposição. Nesse caso, prevaleceu o temor de que, na forma como vinha sendo conduzida, a reforma tributária poderia comprometer o ajuste fiscal ao provocar perda de receitas para a União.

Para não correr esse risco, ao mesmo tempo em que não se empenhou pela sua aprovação, o governo renovou e reforçou as peças do ajuste fiscal provisório de 1994, ampliando as distorções do sistema tributário, e procurou, com o enquadramento dos governos subnacionais – notadamente dos estados –, impor uma disciplina fiscal mais rígida e fechar canais por onde esvaíam recursos públicos. Nesse processo, a federação continuou em sua trajetória de enfraquecimento, o orçamento foi se tornando mais rígido e o sistema tributário viu ampliadas suas distorções, com o aumento do peso dos impostos cumulativos em sua estrutura.

O quadro 6 relaciona as principais mudanças que foram introduzidas no campo fiscal, entre 1995 e 1998, com os objetivos tanto de corrigir os desequilíbrios das contas externas, provocados pela permanência da âncora cambial como esteio do Plano Real, quanto de melhorar os fundamentos fiscais do Estado brasileiro. Em ambos os casos, essas mudanças, insuficientes para os objetivos pretendidos e para impedir que a estratégia até então adotada naufragasse no final de 1998, seriam capazes, num processo cumulativo, de aprofundar as distorções geradas pelo nó fiscal atado em 1988.

Da análise do conteúdo das medidas adotadas, neste período, pode-se constatar que:

❏ a prorrogação do ajuste provisório tornou-se permanente, com a substituição do FSE pelo Fundo de Estabilização Fiscal (FEF) para vigorar até 1997, prazo posteriormente estendido para 1999, por ocasião da crise das economias do Sudeste asiático. Com isso, continuou se agravando o processo de geração de perdas de receitas para estados e municípios e se ampliando o rompimento da fronteira que deveria, em tese, isolar o orçamento da seguridade social do orçamento fiscal;

❏ para atenuar a crise de financiamento da saúde, optou-se pela ampliação das contribuições sociais, na figura da CPMF, inicialmente prevista para ser cobrada apenas até 1998, mas que acabou, à semelhança do mecanismo de desvinculação de receitas (FSE/FEF), tendo seus prazos estendidos diante da crise internacional. Como conseqüência, além do maior avanço dos impostos cumulativos na estrutura tributária, contrariando as tendências internacionais diante das exigências colocadas pelo processo de globalização e de abertura das economias, aumentou o grau de rigidez dos orçamentos públicos;

❏ o objetivo de compensar a perda de competitividade da produção nacional, com a valorização conhecida pelo real, levou o governo a adotar medidas para desonerar as exportações, como as que se referem à instituição do ressarcimento aos exportadores da cobrança do PIS e da Cofins por meio da compensação do IPI, e à aprovação da Lei Complementar nº 87/96, conhecida como Lei Kandir, com a qual foram desoneradas do ICMS as exportações de produtos primários e semi-elaborados e a aquisição de bens de capital. De efeitos limitados para o objetivo pretendido, essas medidas acrescentaram mais alguns graus de dificuldades para as finanças dos governos subnacionais: enquanto a primeira garantiu um avanço do processo de esvaziamento dos fundos constitucionais destinados para essas esferas (o FPE e o FPM), a segunda, mesmo contando com um mecanismo para compensar os estados das perdas que inevitavelmente teriam com sua aprovação que se mostrou insuficiente para tanto, acarretando prejuízos para suas finanças;

❏ várias outras medidas foram adotadas para aumentar a arrecadação tributária, entre elas a elevação das alíquotas do IRPF, do IPI, IOF, para atender as necessidades do ajuste fiscal. Em decorrência, a carga tributária, que havia aumentado para 29,75% em 1994, conseguiu se manter praticamente nesse nível até 1998, apesar da crise em que mergulhou o país a partir de 1996.

Quadro 6
Principais mudanças na área fiscal no período de 1995-98

Ano	Fatos
1995	Reforma do imposto de renda da pessoa jurídica, de acordo com as leis nºs 9.249/95 e 9.430/96. Principais medidas: ❏ reduz a alíquota do IRPJ de 25% para 15%; ❏ cria um adicional de 10% para a parcela do lucro superior a R$ 240 mil, inclusive no caso de incorporação, fusão ou cisão e de extinção da pessoa jurídica pelo encerramento ou liquidação; ❏ revoga a correção monetária das demonstrações financeiras de que trata a Lei nº 7.799, de 10 de julho de 1989; ❏ autoriza a dedução, para efeito de apuração do lucro real, dos juros pagos ou creditados a titular, sócios ou acionistas, a título de remuneração do capital próprio; ❏ proíbe uma série de deduções (principalmente de *fringe benefits*) para efeito de apuração do cálculo do lucro real e da base de cálculo da CSLL; ❏ estabelece a alíquota da CSLL em 8%, a partir de 1º de janeiro de 1996; ❏ as sociedades de profissões regulamentadas (advogados, médicos etc.) passam a pagar o IR nas mesmas condições das pessoas jurídicas, sujeitando-se, inclusive, ao pagamento da Cofins; ❏ encaminhamento ao Congresso das propostas de reformas tributária, previdenciária e administrativa.
1996	❏ Criação da Contribuição Provisória sobre Movimentação Financeira (CPMF) para o financiamento da saúde, por um prazo máximo de dois anos, à alíquota máxima de 0,25% (EC nº 12, de 15 de agosto de 1996), e Lei nº 9.311, de 24 de outubro de 1996. ❏ Fixação das alíquotas do IRPF em 15% e 25%. ❏ Instituição do Fundo de Estabilização Fiscal (FEF), em substituição ao FSE, para vigorar no período de 1º de janeiro de 1996 a 30 de junho de 1997. ❏ Instituição do ressarcimento aos exportadores da cobrança do PIS e da Cofins, por meio de compensação do IPI (Lei nº 9.363, de 13 de dezembro de 1996). ❏ Criação do regime tributário para micro e pequenas empresas, o Simples (MP nº 1.526/96 e Lei nº 9.317, de 5 de dezembro de 1996). ❏ Aprovação da Lei Complementar nº 8/96 (Lei Kandir), por meio da qual foram desoneradas da incidência do ICMS as exportações de produtos primários, semi-elaborados e sobre a aquisição de bens de capital.
1997	❏ Aumento da alíquota do IOF de 6% para 15% nas operações de crédito para as pessoas físicas, a partir de maio de 1997 (Decreto nº 2.219, de 2 de maio de 1997). ❏ Edição do pacote 51 (MP nº 1.502, de 14 de novembro de 1997; Lei nº 9.532, de 10 de dezembro de 1997). ❏ Aumento da alíquota do IRPF de 25% para 27,5% para o período de 1998 a 1999. ❏ Aumento da alíquota de 15% para 20% do imposto de renda incidente sobre os rendimentos produzidos por aplicação financeira de renda fixa.

Continua

Ano	Fatos
	❏ Aumento do imposto de importação em 3 pontos percentuais, a partir de janeiro de 1998 (Decreto nº 2.376, de 13 de novembro de 1997).
	❏ Extensão da cobrança do IOF, à alíquota de 2%, às operações de câmbio destinadas ao cumprimento de obrigações de administradoras de cartão de crédito, decorrentes de aquisição de bens e serviços no exterior, a partir de 10 de dezembro de 1997.
	❏ Aumento em 5 pontos percentuais da alíquota do IPI incidente sobre automóveis.
	❏ Redução de 30% dos incentivos fiscais ao amparo do Fundo de Investimentos da Amazônia (Finam) e Fundo de Investimentos do Nordeste (Finor) e em 25% do Fundo de Recuperação Econômica do Estado do Espírito Santo (Funres), estabelecendo sua redução gradativa até completa extinção em 2014.
	❏ Prorrogação do Fundo de Estabilização Fiscal (FEF) até 31 de dezembro de 1999.
	❏ Prorrogação da CPMF até 1999.
1998	❏ Aprovação da reforma administrativa (EC nº 19, de 19 de junho de 1998).
	❏ Aprovação da reforma da Previdência Social (EC nº 20, de 15 de dezembro de 1998).
	❏ Entrada em vigor da nova alíquota do IRPF de 27,5% para os exercícios de 1998 e 1999.

A elevada carga tributária, com aumento significativo do peso de impostos de má qualidade em sua estrutura, o enfraquecimento das receitas dos governos subnacionais, acompanhado da redução da autonomia federativa, e a implosão do orçamento da seguridade social compuseram o saldo desse período em que o governo abdicou da realização de uma reforma tributária abrangente para introduzir mudanças pontuais visando prorrogar um ajuste fiscal provisório e correção de alguns desequilíbrios provocados pela condução do Plano Real.

No caso mais específico de suas conseqüências para a federação, novas restrições foram criadas para coibir o endividamento dos governos subnacionais, de modo a evitar que eles continuassem a utilizar a dívida como instrumento complementar de financiamento. Com isso, o padrão anteriormente predominante de cobertura de gastos descolada de sua base fiscal cedeu lugar a uma rígida disciplina fiscal, que, favorável para a austeridade fiscal, diminuiria ainda mais sua autonomia e aumentaria o grau de engessamento de seus orçamentos.

Os mecanismos de controle do endividamento dos governos subnacionais: o declínio dos estados e o enfraquecimento da federação

Com as mudanças introduzidas neste período no campo do federalismo, o governo federal se colocará em condições de ampliar o controle sobre as finanças dos governos subnacionais, notadamente dos estados, reduzindo sua autonomia.

Entre 1993 e 1998, o aumento da carga tributária foi de 3,9 pontos percentuais do PIB, com o governo federal respondendo por mais da metade desse incremento. A contribuição dos estados para o aumento da carga tributária nesse período também foi expressiva: 1,3 ponto percentual do PIB ou 37% do total. O aumento dos impostos de competência dos municípios respondeu pela parcela restante (ou 10,3% do total).

Figura 38
Evolução da carga tributária por esfera de governo – 1993 e 1998 (em % do PIB)

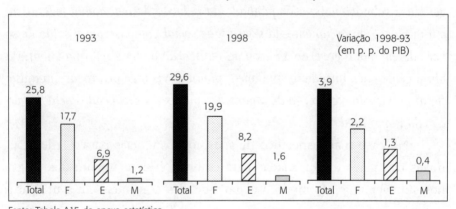

Fonte: Tabela A15 do anexo estatístico.
Nota: F = federal; E = estadual; M = municipal.

A contribuição de cada ente federado para o aumento da carga tributária nesse período não provocou alterações significativas na distribuição da arrecadação direta de tributos, tendo a participação da União conhecido uma ligeira queda (de 68,7% para 67%), enquanto a dos estados aumentou de 26,6% para 27,5% e a dos municípios de 4,7% para 5,5%, como se constata pelo exame da figura 39.

Todavia, em relação às receitas disponíveis, isto é, as receitas tributárias que permanecem nos cofres da cada ente federado após serem deduzidas as transferências intergovernamentais, constata-se que a quase totalidade dos ganhos do período foi absorvida pelos municípios, que aumentaram de 15,8% para 17,2% sua fatia do bolo tributário, em detrimento da parcela detida pela União, que caiu de 57,8% para 56,2%, entre 1993 e 1998, enquanto a participação dos estados se manteve praticamente constante (figura 40).

Figura 39
Distribuição federativa da arrecadação direta – 1993 e 1998

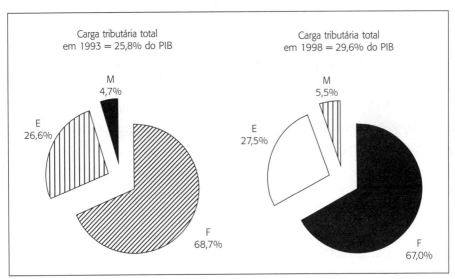

Fonte: Tabela A15 do anexo estatístico.
Nota: F = federal; E = estadual; M = municipal.

Figura 40
Distribuição federativa da receita disponível – 1993 e 1998

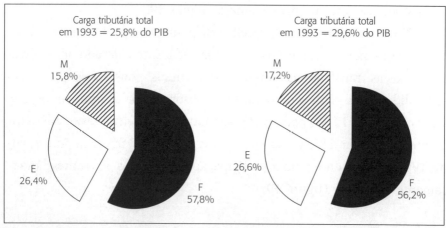

Fonte: Tabela A17 do anexo estatístico.
Nota: F = federal; E = estadual; M = municipal.

Uma nova configuração federativa

Essa tendência, que se acentuará nos anos seguintes, revela uma nova configuração do federalismo no país com respeito à distribuição das receitas entre as esferas governamentais, a partir da Constituição de 1988 e do padrão de ajuste fiscal adotado pelo governo federal: enquanto União e municípios conseguem manter ou mesmo elevar sua participação no "bolo tributário", os estados perdem gradualmente posição relativa na apropriação dessas receitas. Não é, contudo, somente pelo lado fiscal que os governos estaduais se enfraquecem. Com as mudanças institucionais adotadas nesse período, novos limites ao exercício da autonomia subnacional foram criados, afetando principalmente os estados. Vejamos a razão disso.

Em meio à turbulência que se seguiu à crise da economia mexicana, com sérios impactos sobre o sistema bancário, e diante da ampliação considerável do déficit nominal dos governos subnacionais, que responderam por 50% do desequilíbrio registrado em 1995, o governo federal deu início, ainda naquele ano, à montagem de novos mecanismos de controle sobre as finanças e o endividamento de estados e municípios, visando evitar comprometer as expectativas do mercado sobre o futuro do Plano Real. Para tanto, garantias de cumprimento de compromissos assumidos e de responsabilidade na gestão de suas contas tiveram um papel decisivo.

Do diagnóstico realizado, á época, sobre a situação das finanças subnacionais, notadamente dos governos estaduais, concluiu-se que a causa desses desequilíbrios não residia apenas nos seus elevados níveis de endividamento, e, como conseqüência, nos altos encargos financeiros decorrentes da política monetária restritiva do período, mas também na esfera fiscal, dados os déficits primários em que estados e municípios passaram a incorrer e que se prolongaram até 1998. Uma solução para o estoque de suas dívidas repontava, assim, como necessária para reverter este quadro, mas insuficiente se não fossem fechados os principais canais de financiamento do déficit – os bancos estaduais –, e se não fossem também criados mecanismos para controlar os gastos.

Novas regras fiscais

Para o resultado almejado era necessário abandonar um histórico de acomodação e de socorro financeiro por parte do governo federal, que estimulava uma administração financeira praticamente sem restrições orçamentárias no plano subnacional. As medidas adotadas para substituir uma disciplina fiscal frouxa por compromissos com a austeridade e equilíbrio de suas contas acarretavam limites à autonomia dos entes subnacionais, o que foi facilitado pelas grandes dificuldades que estes enfrentavam à época, com a implosão do regime fiscal e financeiro anteriormente vigente. Assim, entre 1995 e 1998, assistiu-se à montagem de uma nova institucionalidade, que terá na Lei de Responsabilidade Fiscal (LRF), aprovada no ano 2000, seu ponto culminante.

O primeiro passo dado com vistas à imposição de controles sobre os gastos foi a regulamentação do art. 169 da Constituição de 1988, com a aprovação da Lei Complementar nº 82, de 27 de março de 1995 (Lei Camata), que estabeleceu o limite de 60% da Receita Corrente Líquida

(RCL) para os gastos com pessoal das administrações públicas – direta e indireta – dos governos subnacionais, determinando o prazo de três exercícios financeiros para o seu alcance. Uma versão aprimorada dessa lei foi aprovada em 31 de março de 1999 (Lei Camata II), cujos termos foram incorporados à Lei de Responsabilidade Fiscal (LRF), promulgada em maio de 2000. À Lei Camata, de 1995, seguiram-se a aprovação do Programa de Ajuste Fiscal dos Estados, ainda em 1995, do Programa de Incentivo à Redução do Setor Público na Atividade Bancária (Proes) e a Renegociação Global da Dívida Estadual, entre 1996 e 1998.

Quadro 7
Medidas adotadas para controlar as finanças e endividamento dos governos subnacionais

Ano	Instrumento	Medidas
1995	❏ Lei Complementar nº 82, de 27 de março de 1995 (Lei Camata I)	❏ Limita a 60% da receita corrente líquida os gastos com pessoal dos estados e municípios
	❏ Programa de Apoio ao Ajuste Fiscal dos Estados	❏ Estabelece medidas de controle e redução dos gastos com pessoal, modernização do sistema fiscal e geração de informações
1996	❏ Programa de Redução do Setor Público na Atividade Bancária (Proes)	❏ Condiciona empréstimos para o saneamento dos bancos estaduais à sua privatização e extinção
1997/98	❏ Lei nº 9.496/97 estabelece as condições para a renegociação global da dívida dos estados	❏ Exige, como contrapartida, compromissos com o ajuste fiscal e estabelece condições para a contratação de empréstimos, praticamente extinguindo, para os governos subnacionais, a dívida como instrumento complementar de financiamento
1999	❏ Lei Rita Camata II (LC nº 96, de 31 de maio de 1999)	❏ Estabelece o limite de 50% com gastos de pessoal em relação à receita corrente líquida para o governo federal; e de 60% para os estados, Distrito Federal e municípios; estabelece vetos para a contratação de pessoal; punições para o descumprimento dos limites e cronogramas, com prazos de ajustamento para seu alcance)

Com o voto do Conselho Monetário Nacional (CMN) nº 162, aprovado no dia 20 de dezembro de 1995, o governo federal instituiu o Programa de Apoio à Reestruturação e ao Ajuste Fiscal dos Estados, voltado para dar assistência financeira a estados que se encontravam em dificuldades para honrar seus compromissos, incluindo o pagamento de folha de salários em atraso, inaugurando uma nova fase nas formas de relacionamento entre os entes federativos no campo financeiro.

Diferentemente dos programas de socorro anteriores, foram introduzidas condições para o acesso aos empréstimos que seriam realizados, exigindo, de seus beneficiários, contrapartidas – monitoradas pelo governo federal – sob a forma de controle e redução dos gastos com pessoal, modernização do sistema fiscal e geração de informações, bem como o compromisso de geração de superávits primários para pagamento dos encargos financeiros da dívida e a implementação de um programa de privatização das empresas estatais, incluindo os bancos estaduais.

Embora o programa não tenha conseguido gerar, no seu início, os frutos esperados, como se pode confirmar pela continuidade da geração de déficits primários por esses governos até 1998, o fato importante foi que com ele se introduziram noções de responsabilidade fiscal para os entes subnacionais, maior compromisso com a sustentabilidade da dívida e geração regular e sistemática de informações detalhadas para o acompanhamento da situação de suas contas e o controle sobre suas finanças.

O Proes foi criado em agosto de 1996, em resposta às dificuldades do sistema bancário estadual, que haviam se acentuado em virtude da política monetária restritiva implementada no período, com destaque para os casos do Banco do Estado do Rio de Janeiro (Banerj) e do Banco do Estado de São Paulo (Banespa), que, pela sua dimensão, indicavam possibilidade de riscos sistêmicos. Com esse programa, o socorro prestado foi condicionado à privatização dessas instituições e à extinção dos bancos estaduais de desenvolvimento, de modo a fechar o principal canal que permitia aos governos estaduais operarem sem restrições orçamentárias.[29]

Esse processo de ajuste e de montagem de uma nova institucionalidade completou-se em 1997, com a aprovação da Lei nº 9.496/97, que balizou as condições para a renegociação da dívida dos estados, com destaque para a dívida mobiliária, no âmbito do Programa de Ajuste Fiscal criado em 1995. De acordo com seus termos, a dívida foi refinanciada por 30 anos, à taxa de juros de 6% ou 7,5%, dependendo do montante inicialmente abatido de seu estoque, sendo corrigida pelo IGP-DI da FGV.

Com a assinatura do acordo de renegociação, os estados se obrigavam a montar um programa de reestruturação e ajuste fiscal de longo prazo voltado para garantir a redução da dívida financeira total a um nível não superior ao de sua receita líquida real (RLR). Enquanto esse nível não fosse atingido, ficavam proibidos de emitir novas dívidas, exceto para pagamento de precatórios. A contratação de outros empréstimos, inclusive de organismos internacionais, passava a exigir que a trajetória da relação dívida/RLR se mantivesse em trajetória decrescente, de acordo com os termos do acordo, para contar com o aval do governo federal.

No campo fiscal, para garantir o alcance das metas projetadas para a relação dívida/RLR, foram estabelecidos compromissos com a geração de superávits primários, redução das despesas com o funcionalismo público, desempenho da receita própria, gastos com investimentos e programas de privatização. Assinado o contrato, a União ficava autorizada a bloquear cerca de 13% das receitas estaduais, tanto as provenientes de transferências federais quanto a receita própria (ICMS, IPVA, por exemplo) para garantir o pagamento da dívida renegociada.

O contrato de renegociação das dividas amarrou o pacote de medidas de controle do endividamento e de variáveis fiscais dos estados que

---

[29] Segundo Vargas (2006), "no âmbito do PROES, 11 bancos foram privatizados, oito extintos, quatro transformados em agência de fomento (caso dos bancos de desenvolvimento dos estados)". Entre 1995-2001, as instituições financeiras estaduais, segundo a autora, foram reduzidas de 94 para 41.

aderiram ao acordo – e posteriormente dos municípios quando este a eles foi estendido. Com ele, além de a contribuição dos estados para a geração de resultados primários positivos para o setor público consolidado ficar assegurada, os caminhos para a contratação de dívidas novas ficavam obstruídos. Na prática, vedava-se a possibilidade de utilização da dívida como instrumento complementar de financiamento, o qual ficava restrito às receitas tributárias, as quais, como visto, vinham sendo progressivamente erodidas pela natureza do ajuste fiscal realizado.

Quadro 8
Benefícios, condições e sanções previstos no contrato da dívida assinado pelos governos subnacionais com a União (Lei nº 9.496/97)

Benefícios	Condições	Sanções
❏ Refinanciamento da dívida (incluindo a dívida mobiliária, operações de crédito interno e externo, dívida contratual e os empréstimos tomados junto à Caixa Econômica Federal), por um prazo de 30 anos, dos governos que aderirem ao Programa de Reestruturação e Ajuste Fiscal, transformando-a em dívida contratual ❏ Taxa de juros de 6% ao ano, para os que abaterem 20% do principal na assinatura do contrato ❏ Correção do estoque da dívida pelo IGP-DI	❏ Pagamento mensal dos juros da dívida correspondente a até 13% da receita líquida real (RLR) ❏ Adesão ao Programa de Ajuste Fiscal, supervisionado pela STN ❏ Cumprimento de metas estabelecidas (e monitoradas pela STN), para a geração de superávits primários, redução de gastos com pessoal, desempenho de receita própria, venda de empresas estatais etc. ❏ Proibição de emissão de títulos da dívida ❏ Proibição de contração de novos empréstimos até que a RLR se equipare ao estoque da dívida ❏ Contratação de empréstimos externos somente no caso de enquadramento na trajetória estabelecida para a dívida no Programa de Ajuste Fiscal	❏ Bloqueio de receitas de transferências federais e de receitas próprias, em caso de não-pagamento dos juros da dívida ❏ Suspensão do contrato e equiparação dos juros cobrados sobre a dívida refinanciada ao custo médio de captação da dívida mobiliária federal (Selic), acrescidos de juros moratórios de 1% ao ano

A redução da autonomia dos governos subnacionais não veio, assim, acompanhada de mudanças que conduzissem ao fortalecimento de sua capacidade de financiamento e de provisão das políticas públicas e serviços essenciais à população e ao desenvolvimento, contrariando expectativas associadas à descentralização defendida na Constituição de 1988.

Ao não buscar uma solução global para a revisão do modelo federativo e trilhar o caminho da adoção de medidas pontuais para o ajuste que vinha realizando, o governo federal modificou as relações federativas, enfraquecendo os estados. De outra parte, ao manter-se firme na trajetória do ajuste fiscal de curto prazo, continuou colhendo frutos suficientes para manter a dívida pública sob controle, mas capazes de ampliar as distorções que vinham se acumulando para o sistema tributário, a competitividade da economia, para as políticas sociais e também, como vimos, para a federação.

A crise que conheceria o Plano Real após a moratória da economia russa, no segundo semestre de 1998, conduziria ao exacerbamento de todas essas questões, o que, mais uma vez, levou ao aprofundamento do mesmo padrão do ajuste que vinha sendo adotado.

Conseqüências da vulnerabilidade externa e da fragilidade fiscal: aprofundamento do ajuste e ampliação das distorções (1999-2002)

> No modelo de estabilização adotado a partir de 1999, o compromisso com a geração de elevados e crescentes superávits primários fiscais foi nele incluído para garantir uma trajetória mais confiável para a relação dívida/PIB, o que barraria reformas mais abrangentes do sistema tributário e ampliaria as distorções do ajuste anterior.

Em meio à crise que se abateu sobre a economia russa, no segundo semestre de 1998, e derramou seus efeitos sobre o Brasil, provocando rápida fuga de capitais e alerta de que o país passaria à condição de "bola da vez" dos especuladores globais, dada a fraqueza de seus fundamentos externos e fiscais, tornou-se imperativo recorrer ao socorro financeiro do Fundo Monetário Internacional (FMI) e modificar a arquitetura do Plano Real para sustentar a estabilidade monetária alcançada.

A substituição da âncora cambial pela âncora fiscal

Com a forte ampliação da dívida pública na primeira fase do Plano Real, a correção dos desequilíbrios fiscais passava a exigir maior disciplina para evitar o crescimento descontrolado da relação dívida/PIB, enquanto mudanças na política cambial eram necessárias para reduzir a vulnerabilidade da economia brasileira e sua maior sensibilidade ao *efeito-contágio* das crises externas.

No acordo realizado com o FMI, no final de 1998, com o qual se obteve um empréstimo de US$ 41,5 bilhões para o país honrar seus compromissos e defender-se de ataques especulativos, essas questões ganharam centralidade na política de estabilização, mas a forma como foram enfrentadas ampliou as distorções do padrão de ajuste anterior, reforçando o seu viés anticrescimento.

Na nova estratégia, o câmbio passou a flutuar, o regime de metas inflacionárias foi adotado, e o compromisso com a geração de crescentes e elevados superávits fiscais primários passou a ser a garantia de uma trajetória mais confiável para a relação dívida/PIB. *É importante notar que, se no período anterior, a estabilidade monetária foi alcançada à custa de um expressivo aumento do endividamento, como apontam Oliveira e Nakatani (2003), neste, o arranjo foi estruturado para enfrentar a questão da dívida, mas operando como uma* trava *para o crescimento.*

O modelo de estabilização e os elementos do ajuste: acirrando contradições

Para garantir o atendimento das metas do superávit primário, o modelo adotado a partir de 1999 para garantir a estabilidade monetária e a sustentabilidade da dívida pública lançou mão, prioritariamente, do aumento da carga tributária, sustentado por contribuições sociais, aumentando as distorções do sistema, asfixiando a economia e enfraquecendo a federação.

Tendo ganhado centralidade no novo modelo para impedir o crescimento da relação dívida/PIB, a geração de superávits primários elevados tornou-se um compromisso absoluto, prioritário, assumido pelas autoridades governamentais, comprometendo a atuação de políticas essenciais para o desenvolvimento.

Estabelecimento de metas de superávit primário

Após ter realizado um profundo ajuste das contas públicas, em 1999, por força do acordo com o FMI e das exigências colocadas pelo novo modelo de estabilização, o governo federal, para dar credibilidade ao compromisso com o controle sobre a dívida pública, passou a incluir na Lei de Diretrizes Orçamentárias (LDO), a partir do ano 2000, metas de superávit a serem atingidas para o setor público como um todo – governo federal, governos subnacionais e empresas estatais. Aprovada e transformada em lei, a meta estabelecida passou a subordinar o ajuste das demais contas do orçamento para garantir seu alcance, mesmo que, para tanto, tivessem de ser sacrificadas políticas sociais relevantes e investimentos públicos indispensáveis para o crescimento da economia.

A tabela 5 relaciona as metas de superávit primário estabelecidas a partir dos acordos com o FMI para o quadriênio 1999-2002, as revisões que nelas foram feitas, bem como os resultados efetivamente alcançados. Como se percebe, em virtude da turbulência e instabilidade que marcaram as economias internacional e doméstica nesse período, as metas foram, em geral, revistas e ampliadas, tendo seus resultados finais, à exceção de 2001, sido superiores tanto em relação às metas originalmente estabelecidas como às revistas. Assim, cabe indagar como tais resultados foram alcançados, tendo em vista os desequilíbrios fiscais em que o setor público, de modo geral, incorrera entre 1994 e 1998.

O maior esforço fiscal que passou a ser realizado a partir de 1999 estendeu-se a todos os segmentos do setor público – governo central (governo federal e Banco Central), empresas estatais, estados e municípios. A política fiscal frouxa, característica da primeira fase do Plano Real, cedeu lugar, assim, a uma política de austeridade generalizada, embora tenham diferido as formas e as condições, adotadas ou impostas, para assegurar o cumprimento desse compromisso.

No caso das empresas estatais federais, as metas para elas estabelecidas, incluídas no orçamento, passaram a condicionar seus níveis de investimentos, com estes sendo ajustados sempre que necessário para atingi-las ou para compensar insuficiências na contribuição dos demais segmentos do setor público para assegurar a meta global.

Tabela 5
Metas de superávit primário acordadas com o FMI e resultados alcançados – 1999-2002 (em % do PIB)

Ano	Acordo com o FMI (1998)	Acordo com o FMI (2001)	Acordo com o FMI (2002)	Realizadas
1999	2,60	-	-	3,19
2000	2,80	-	-	3,46
2001	3,00	3,35	3,88	3,64
2002	-	3,50	3,88	3,89

Fonte: Bacen.

Para os governos subnacionais, os contratos de renegociação da dívida, com destinação obrigatória de até 13% de sua receita líquida real (RLR) para pagamento dos compromissos ali assumidos, forneceram a garantia de que as respectivas metas de superávits seriam atingidas. Ademais, a aprovação da Lei de Responsabilidade Fiscal (LRF), em maio de 2000, reforçou as medidas de controle dos gastos e do endividamento de estados e municípios, ficando os responsáveis por sua implementação sujeitos a punições de diversas ordens – administrativa, pecuniária, prisional – em caso de descumprimento.

Novo impulso na carga tributária

Já o esforço desenvolvido pelo governo federal para cumprir com sua parte apoiou-se em mecanismos diferentes, apenas dando continuidade e aprofundando o padrão de ajuste fiscal que adotou desde o início da década de 1990. Com o maior engessamento de seu orçamento, dado o crescente peso das contribuições sociais em suas receitas, o governo federal terminou optando pelo caminho mais fácil do aumento da carga tributária para cumprir com suas responsabilidades na geração de superávits primários, como mostram os números apresentados na figura 41.

Como revelam esses dados, em apenas quatro anos a carga tributária conheceu um aumento de aproximadamente 7 pontos percentuais do PIB (média de 1,7 ponto/ano), sem que nenhuma reforma tributária abrangente tivesse sido realizada, e, mais grave, com a economia praticamente estagnada, já que o PIB conheceu modesto crescimento médio anual de 1,5%, como resultado do ajuste realizado e das incertezas que continuaram pairando sobre a economia internacional nesse período.

Figura 41
Evolução da carga tributária por esfera de governo – 1998 e 2002 (% do PIB)

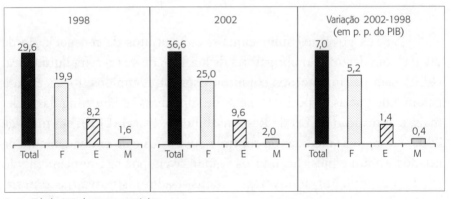

Fonte: Tabela A15 do anexo estatístico.
Nota: F = federal; E = estadual; M = municipal.

Mais uma vez a União foi a principal responsável por esse aumento – três quartos do total –, acentuando o processo de recentralização da arrecadação na órbita central, com ampliação do desequilíbrio federativo e do aumento da dependência dos governos subnacionais de transferências federais vinculadas a propósitos específicos.

Mais uma vez, medidas pontuais para ajustar as contas públicas

O quadro 9 relaciona tanto as principais medidas que foram adotadas para o ajuste requerido quanto as mudanças introduzidas no campo tributário no período em questão. Novamente com receio de perder receitas, num quadro em que a restrição orçamentária se tornou absoluta, o governo federal desinteressou-se da aprovação da reforma tributária, na forma do substitutivo elaborado pelo deputado Mussa Demes (PFL-PI), e continuou explorando, agora com maior ênfase, o aumento da receita via contribuições sociais.

Quadro 9
Principais mudanças na área fiscal no período 1999-2002

Ano	Fatos
1999	❑ Aumento da alíquota da Cofins de 2% para 3% e mudança na base de cálculo, substituindo o faturamento pela receita bruta. ❑ Extensão da cobrança da Cofins às instituições financeiras. ❑ Prorrogação da CPMF por mais três anos, até 16 de junho de 2002, e aumento da alíquota máxima para 0,38%. ❑ Elevação da alíquota da CSLL para empresas não-financeiras de 8% para 12%, relativamente aos fatos geradores ocorridos de 1º de maio a 31 de dezembro de 1999. A partir de 1º de janeiro de 2000, as instituições financeiras passaram a receber o mesmo tratamento dado às demais empresas. ❑ A alíquota de 12% da CSLL para empresas optantes pelo lucro real foi mantida de 1º de maio de 1999 até 31 de janeiro de 2000. ❑ Suspensão, a partir de abril até 31 de dezembro de 1999, de aplicação da Lei nº 9.383, de 13 de dezembro de 1996, que instituiu o crédito presumido do IPI como ressarcimento da Cofins e do PIS/Pasep incidentes sobre o valor das matérias-primas, dos produtos intermediários de embalagem utilizados na fabricação de produtos destinados às exportações. ❑ Prorrogação do prazo de vigência da alíquota de 12% da CSLL para 31 de janeiro de 2000, determinando sua redução para 9% no período de 1º de fevereiro de 2000 até 31 de dezembro de 2002. ❑ Proibição das pessoas jurídicas de compensarem com a CSLL devida em cada período de apuração trimestral ou anual, até um terço da Cofins efetivamente paga. ❑ Prorrogação até 31 de dezembro de 2002 da vigência da alíquota de 27,5% do imposto de renda da pessoa física. ❑ Instituição do Programa de Recuperação Fiscal (Refis I).

Continua

Ano	Fatos
2000	❏ Cria a Desvinculação de Receitas da União (DRU), em substituição ao FEF, para vigorar no período de 2000 a 2003. ❏ Aprovação da Lei de Responsabilidade Fiscal (LC nº 101, de 4 de maio de 2000). ❏ Alíquota da CSLL das empresas optantes pelo lucro real é reduzida de 12% para 9% a partir de 1º de fevereiro de 2000.
2001	❏ Criação da Cide-combustíveis (EC nº 33, de 11 de dezembro de 2001, e Lei nº 10.336, de 19 de dezembro de 2001), em substituição à Parcela de Preço Específico (PPE). ❏ Aumento da alíquota da CPMF de 0,30% para 0,38%, a partir de 19 de março de 2001. ❏ Correção da tabela do imposto de renda da pessoa jurídica em 17,5% para vigorar no ano 2002 (desde 1996 a tabela não era corrigida). ❏ Para compensar a perda de receitas esperada com a correção da tabela (R$1,8 bilhão), o governo restringiu sua aplicabilidade apenas aos rendimentos do ano 2002 e procurou, sem ter conseguido que fosse aprovado pelo Congresso, aumentar a alíquota da CSLL sobre as empresas de serviços optantes pelo lucro presumido.
2002	❏ Extinção parcial da cumulatividade do PIS e aumento da alíquota de 0,65% para 1,65%, a partir de 1º de dezembro de 2002, para as empresas que declaram o imposto de renda pelo regime de lucro real, valendo a regra anterior para os demais casos. ❏ Prorrogação da CPMF até 31 de dezembro de 2004, atribuindo à lei complementar a fixação de alíquotas máximas e mínimas. ❏ Incentivo para a liquidação antecipada do IR incidente sobre o lucro inflacionário. ❏ Prorrogação por tempo indeterminado da alíquota de 9% da CSLL, a partir de janeiro de 2003. ❏ Manutenção da alíquota de 27,5% do IRPF até 31 de dezembro de 2003.

A análise das medidas arroladas no quadro 9 deixa claro que o recurso a aumentos na tributação deixou em segundo plano a preocupação com possíveis efeitos dos tributos explorados para a qualidade do sistema tributário, a competitividade da economia, a eqüidade da tributação e a repartição federativa de receitas.

Aos aumentos das alíquotas da Cofins, CSLL, CPMF – esta várias vezes prorrogada – somaram-se a criação de mais uma contribuição, a Cide-combustíveis, a suspensão de créditos compensatórios do IPI para as exportações e a instituição da Desvinculação das Receitas da União (DRU), em substituição ao FEF, que expiraria no final de 1999, com o que ficava preservada a continuidade do padrão de ajuste fiscal assentado no crescimento das contribuições sociais.

Os números da figura 42 revelam a piora de qualidade que conheceu a estrutura tributária, nesse período, em decorrência do avanço das contribuições sociais, contrariando todos os diagnósticos elaborados sobre o tema e mesmo a proposta de reforma que se encontrava no Congresso, que eram unânimes em apontar a necessidade de eliminação da cumulatividade tributária para a modernização do sistema.

Figura 42
**Decomposição do aumento da carga tributária federal – 1998-2002
(em pontos percentuais do PIB)**

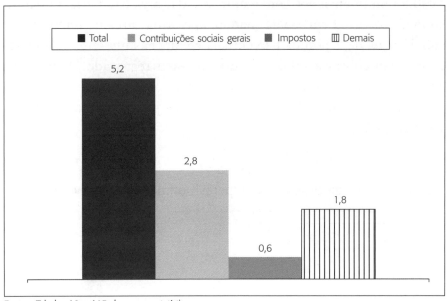

Fontes: Tabelas A9 e A15 do anexo estatístico.

Presididas pela lógica do ajuste fiscal de curto prazo, as medidas adotadas nesse período pioraram ainda mais a qualidade do sistema tributário e agravaram os problemas orçamentários, desvelando que, na própria natureza do ajuste, encontram-se as causas do desajuste. É o que se discute a seguir.

Contradições do ajuste: maiores espaços para o aumento dos gastos

> O padrão do ajuste fiscal carrega uma contradição intrínseca: orientado para o aumento das receitas, propicia também a elevação dos gastos, em contradição com seus objetivos.

O aumento da carga tributária registrado nesse período mostrou-se mais do que suficiente para garantir os recursos adicionais que o governo precisava para garantir o alcance das metas anuais estabelecidas para a geração de superávits primários fiscais, como proporção do PIB.

Como mostra a figura 43, os superávits primários gerados pela União, estados e municípios (exclusive empresas estatais) a partir de 1998 foram financiados com o aumento da carga tributária. O impulso inicial ocorreu em 1999, quando, apesar da carga de impostos ter subido mais de 2 pontos percentuais em apenas um ano, esse incremento não cobriu a totalidade do superávit registrado. A partir de então, novos aumentos da carga tributária elevaram a arrecadação muito além do que seria necessário apenas para sustentar o superávit. Por quê?

Figura 43
Variação da carga tributária e superávit primário (exclusive estatais)

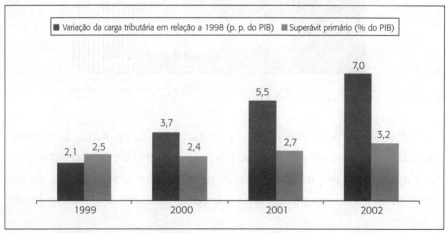

Fontes: Tabelas A1 e A4 do anexo estatístico.

Ajuste fiscal apoiado no aumento de receitas

A explicação é simples e remete à natureza do ajuste fiscal explorada no capítulo anterior. *A principal razão para tal resultado reside no fato de o padrão de ajuste adotado carregar, pela sua natureza, uma contradição intrínseca: apoiado no aumento de receitas, esse aumento garante também, contraditoriamente, a elevação dos gastos, por se tratar de receitas vinculadas a gastos com a seguridade social.* Nesse caso, se o governo consegue, graças ao instrumento da desvinculação (DRU) se apropriar de 20% das receitas adicionais das contribuições, os demais 80% vão alimentar os gastos das áreas com elas beneficiadas, imprimindo-lhes um ritmo de crescimento em desacordo com os objetivos do ajuste. Os dados contidos na figura 44 retratam bem essa realidade.

Como se verifica, o crescimento das despesas primárias do governo federal (da ordem de 1,7 ponto percentual do PIB) foi explicado principalmente pelos dispêndios vinculados às contribuições sociais gerais: as despesas com seguridade social (relacionadas com a Cofins, CSLL e CPMF) e com seguro-desemprego (relacionadas ao PIS).

Figura 44
Contribuição da seguridade social para a expansão das despesas primárias do governo federal – 1998 e 2002 (% do PIB)

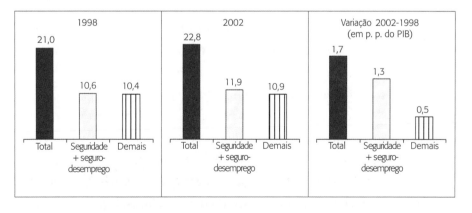

Nesse quadro de pressão que os gastos vinculados às contribuições sociais exercem sobre o orçamento, a garantia de alcance da meta de superávit primário termina exigindo o sacrifício de despesas discricionárias, notadamente de investimentos federais, que caíram para apenas 0,75% do PIB em 2002 – nível que será reduzido ainda mais nos anos seguintes (figura 45).

Figura 45
Evolução dos investimentos federais – 1998 e 2002 (% do PIB)

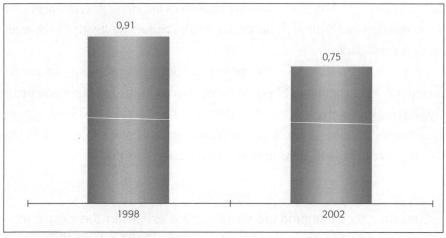

Fonte: Tabela A5 do anexo estatístico.

Com a ampliação dos gastos correntes e a conseqüente elevação da carga tributária, a sociedade passa a exigir que o governo se concentre no corte de gastos. No entanto, ao não atentar para o fato de que o crescimento dos gastos é fruto da insistência em prorrogar um ajuste fiscal provisório, as pressões da sociedade dirigem o foco para o lado errado. Para viabilizar o corte de gastos na dimensão requerida, é necessário mudar a natureza do ajuste fiscal para reduzir o engessamento do orçamento.

As limitações dos cortes de gastos para dar um novo rumo ao processo em curso, bem como as conseqüências do ajuste que vem sendo implementado para a questão orçamentária são discutidas em seguida, visando completar as peças que o colocam como uma força que inibe o crescimento econômico.

Ajuste e engessamento orçamentário: sacrificando as despesas discricionárias, aumentando as incertezas do orçamento e comprometendo a qualidade da gestão pública

Como a meta do superávit primário é móvel, sujeita a revisões, dependendo do comportamento da relação dívida/PIB, a exigência de maior esforço fiscal passou a ser atendida à custa de cortes das despesas discricionárias, notadamente dos investimentos, prejudicando o crescimento econômico.

O orçamento abriga despesas de natureza distinta. Algumas são consideradas obrigatórias, por contarem com receitas protegidas por alguma norma constitucional ou legal, não podendo o governo deixar de atendê-las. É o caso, por exemplo, dos gastos com pessoal, dos benefícios da previdência social, dos encargos da dívida, dos gastos com as áreas da educação, saúde, assistência social, e das transferências que a União faz para estados e municípios.

Outras são tidas como discricionárias, com o governo dispondo de autonomia para realizá-las ou não, em função da disponibilidade de recursos com que conta. Entre essas figuram os gastos com políticas sociais que não contam com a proteção de alguma norma legal – saneamento, habitação, reforma agrária etc. –, com investimentos e com o custeio da máquina pública.

Engessamento não constitui nenhuma novidade no processo orçamentário e nem representa uma particularidade do caso brasileiro, embora difiram os graus de autonomia de que dispõem os governos para definir ou reorientar prioridades públicas. Mas a dualidade tributária criada pela Constituição de 1988 contribuiu para que o orçamento brasileiro atingisse um nível de rigidez que o impede de atuar como uma instância de definição de prioridades públicas e como instrumento de planejamento.

O peso das despesas obrigatórias

A figura 46 mostra que a partir de 1999 as despesas obrigatórias, nelas incluídas o pagamento dos juros da dívida, passaram a representar cerca de 90% dos gastos totais do governo federal, revelando quão estreito se tornou o espaço para o governo definir prioridades públicas e, mais grave, acomodar pressões de gastos ou ajustes da meta de superávit primário sem sacrificar políticas importantes para o desenvolvimento econômico e social. Explica-se a razão.

Como o comportamento da relação entre a dívida pública e o PIB depende de variáveis sobre as quais o governo não dispõe de pleno controle, caso do câmbio, dos juros e da inflação, por exemplo, choques econômicos que as afetem negativamente e gerem risco de descontrole dessa relação terminam exigindo aumento da meta do superávit primário para sustentar a dívida pública em níveis confiáveis para os credores do Estado.

Foi o que aconteceu nos períodos de maior turbulência da economia internacional pós-1998, quando foram feitas contínuas revisões das metas do superávit primário, e, portanto, maior esforço fiscal, para deter o crescimento descontrolado e temerário da dívida. Assim, a meta do superávit primário deve ser vista como uma *meta móvel*, sujeita a revisões sempre que a trajetória da relação dívida/PIB se desvia do caminho para ela originalmente traçado.

Em situações como essa, a redução de despesas discricionárias, notadamente o corte dos investimentos públicos, opera como uma variável complementar do ajuste fiscal, mesmo com os prejuízos que isso representa para o crescimento econômico, como se verificou no caso brasileiro. Além disso, o contingenciamento de gastos e o aumento de "restos a pagar" nas contas do governo passam a ser expedientes rotineiros para viabilizar o superávit necessário, que desorganizam o processo orçamentário e, pelas incertezas que trazem para os administradores, contribuem para aumentar a ineficiência da gestão pública.

Figura 46
Composição das despesas federais – 1998-2002

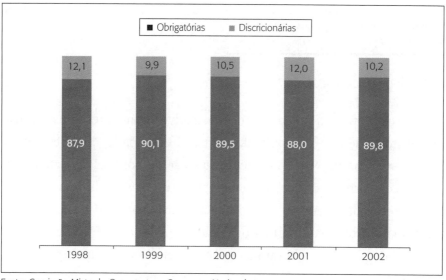

Fonte: Comissão Mista de Orçamento – Congresso Nacional.

Ao final de 2002, a estabilidade monetária tinha sido preservada, mas a economia brasileira continuava muito frágil fiscalmente, com a relação dívida/PIB próxima de 60%. E isso num momento em que todos os ingredientes do ajuste fiscal mostravam-se próximos do esgotamento, com pouca capacidade de continuar sendo exigidos em caso de necessidade.

A eleição do novo presidente da República, que assumiria o comando do país em 2003, indicava, contudo, novas perspectivas para a aprovação das reformas necessárias para corrigir as distorções do ajuste adotado e promover o reencontro do país com o crescimento econômico.

O governo Lula e a resposta às desconfianças: a manutenção do mesmo padrão de ajuste (2003-06)

Com a necessidade de reafirmar os compromissos com a estabilidade macroeconômica, assumidos pelo governo Lula, as reformas que deveriam contribuir para a substituição do padrão do ajuste fiscal foram transformadas em mudanças pontuais, com o que se der continuidade ao mesmo padrão que vinha sendo adotado.

As expectativas que se formaram a respeito da realização das reformas estruturais necessárias para conciliar o ajuste fiscal com a retomada do crescimento logo foram desfeitas.

O cenário macrofiscal

O cenário econômico internacional adverso que presidiu a campanha eleitoral de 2002, combinado com a possibilidade, cada vez maior, de vitória do partido de oposição, do qual se desconhecia o tratamento que daria às principais questões econômicas do país, incluindo seu relacionamento com a comunidade financeira internacional e sua disposição em cumprir os compromissos do acordo com o FMI, contribuíram, ao longo daquele ano, para uma crescente deterioração das expectativas dos agentes econômicos, fazendo com que os mercados se mantivessem submetidos a fortes ondas de turbulência e volatilidade.

Nesse processo, o câmbio, que havia se acomodado em torno de uma paridade de R$ 2,30 por dólar, no mês de maio, iniciou uma escalada ininterrupta a partir de junho, com a cotação do dólar se aproximando de R$ 4 nos momentos de maior tensão, sem que o Banco Central contasse com reservas suficientes para impedir movimentos especulativos contra a moeda nacional.

Por seu turno, a manutenção do câmbio em patamares elevados, por um período prolongado, repercutiu fortemente nos níveis de inflação e, com cerca de 50% da dívida indexada ao dólar, imprimiu a esta uma trajetória de rápido crescimento, com seu estoque aumentando, como proporção do PIB, de 54,5%, entre fevereiro e abril de 2002, para 55,7% em maio, 58,6% em junho, 61,9% em julho e 64% em setembro. Com isso, o pessimismo propagou-se rapidamente para os demais mercados e para a atividade produtiva, acelerando o processo de desaquecimento da economia.

Para acalmar os mercados, acordos firmados pelos candidatos à presidência passaram a condicionar, antes mesmo das eleições, a política econômica que seria implementada no ano seguinte. Com o aval de todos os candidatos, o acordo com o FMI, que expiraria em dezembro de 2002, foi renovado e estendido por mais 12 meses, com o compromisso de geração do superávit primário sendo aumentado de 3,5% para 3,75% do PIB, e posteriormente elevado unilateralmente pelo governo para 3,88% do PIB, ainda no mesmo ano.

Com a vitória nas eleições cada vez mais assegurada, o candidato Lula, além de ter assumido esses compromissos, cuidou de modificar seu programa, com o lançamento da "Carta aos Brasileiros", por meio da qual se comprometia a preservar as conquistas do Plano Real, respeitar os contratos e acordos firmados pelo país e dar continuidade à política de austeridade e responsabilidade fiscal do governo anterior.

Se ainda persistiam dúvidas sobre essa nova postura, elas se dissiparam após as eleições, com a formação da equipe econômica de seu governo, e com a decisão tomada, após a sua posse, de elevar a meta do superávit primário para 2003 de 3,75% para 4,25% do PIB, sem que nenhuma exigência do FMI fosse feita nesse sentido, e de promover novos aumentos da taxa básica de juros da economia, a Selic.

O compromisso assumido com a ampliação do esforço fiscal conduziu ao aprofundamento do mesmo padrão de ajuste anteriormente adotado, ampliando suas distorções. Com isso, as reformas necessárias foram mais uma vez adiadas com prejuízo para a competitividade da economia, a eqüidade tributária, o equilíbrio federativo e as políticas sociais.

As reformas do governo Lula: nova oportunidade perdida

Presidida pela lógica do ajuste fiscal, a reforma tributária manteve praticamente intacta a mesma estrutura anterior, embora nela se acenasse com pequenas melhorias.

Orientadas claramente pela lógica do ajuste fiscal, as propostas de reforma encaminhadas pelo governo federal ao Congresso, em abril de 2003, revelaram-se limitadas para a correção das distorções existentes e, ao contrário das expectativas, apenas prorrogaram medidas necessárias para a sustentação do mesmo padrão de ajuste fiscal que vinha sendo praticado.

A reforma da previdência

Apenas uma mudança importante foi aprovada: a que cuidava de reduzir os desequilíbrios do regime previdenciário dos servidores públicos. Para novos contratados, os benefícios foram equiparados aos do RGPS (teto de R$ 2.400), a paridade de remuneração de ativos e inativos foi extinta, ficando prevista a criação de regime de previdência pública complementar para incrementar suas aposentadorias.

Para os servidores existentes, foram reduzidos os valores das pensões concedidas a partir da aprovação da reforma e estendida, aos aposentados e pensionistas, a cobrança da contribuição previdenciária, a uma alíquota de 11% sobre o valor que exceder a R$ 1.200, no caso dos estados e municípios, e a R$ 1.440, no caso da União.

Além disso, novas regras de direito à aposentadoria foram estabelecidas, combinando tempo maior de contribuição e idade, anos de efetivo exercício no serviço público e pedágios para aposentadorias regidas pelas regras mais favoráveis contempladas na Emenda Constitucional nº 20, de 1998.

Estimativas realizadas à época da aprovação da EC nº 41/03 indicavam ganhos de R$ 50 bilhões para o governo nos próximos 20 anos.

Focada nos servidores públicos, a reforma da previdência (EC nº 41/03) limitou-se, para os trabalhadores do setor privado (Regime Geral da Previdência Social), a aumentar o teto de contribuição e benefício, à época, de R$ 1.869,34 para R$ 2.400, com pouca influência, portanto, sobre os acentuados desequilíbrios financeiros que vinham sendo registrados nesse regime.

A reforma tributária

No tocante à reforma tributária, o governo ignorou o substitutivo do deputado Mussa Demes (PFL-PI), que havia sido aprovado na Comissão de Reforma Tributária do Congresso Nacional, no final de 1999, e encaminhou uma nova proposta ao Legislativo, a qual, apesar das referências otimistas sobre sua importância para a modernização do sistema, resumia-se a três pontos centrais:

- unificação e federalização da legislação do ICMS, acompanhadas de outras alterações importantes, como, por exemplo, a redução do número de alíquotas desse imposto;
- transformação da CPMF em um imposto de caráter permanente, à alíquota de 0,38%;
- prorrogação do instrumento de Desvinculação de Receita da União (DRU) para o final de 2007.

Integrava-a, também, a proposta de extinção *parcial* da cumulatividade da Cofins, dando continuidade à iniciativa que já havia sido adotada para o PIS, no final de 2002, embora transferindo para lei complementar a definição dos setores que seriam beneficiados com o novo regime proposto.

Acompanhavam as propostas de unificação da legislação do ICMS e extinção, ainda que parcial, da cumulatividade da Cofins, a transformação da CPMF – um imposto cumulativo, iníquo e também prejudicial para a intermediação financeira – em um imposto permanente, com o que sobressaía a preocupação em assegurar receitas para continuar sustentando o ajuste fiscal.

Com as resistências encontradas para fechar o acordo em torno da mudança no regime do ICMS, a reforma finalmente aprovada (EC nº 42/03) restringiu-se à prorrogação da CPMF e da DRU, ambas até dezembro de 2007, o que, a rigor, era o necessário para sustentar o ajuste fiscal. A única novidade foi a aprovação da Cide-combustíveis, viabilizada pela concordância do governo federal com a destinação de 25% de sua arrecadação para estados e municípios (percentual aumentado para 29%, a partir de maio de 2004), quebrando, com isso, a regra de não-compartilhamento das receitas de contribuições com os governos subnacionais.

Quanto à extinção parcial da cumulatividade da Cofins, o governo implementou essa medida por meio de medida provisória, posteriormente convertida na Lei nº 10.833/03. Com essa mudança, as empresas que declararam o imposto de renda pelo regime do lucro real foram enquadradas no regime não-cumulativo, passando para 7,6% a alíquota aplicada no cálculo dessa contribuição, o que permitiu um aumento expressivo na sua arrecadação (cerca de 20%) e, portanto, novos aumentos da carga tributária, repetindo o que havia ocorrido quando da mudança no PIS.

Adubando o ajuste e ampliando as distorções

> Sem contar com mudanças estruturais, a continuidade do mesmo padrão de ajuste fiscal contribuiu para o maior crescimento das despesas correntes, a queda dos investimentos e o aumento das incertezas com respeito à execução orçamentária.

Sem mudanças estruturais, o governo seguiu, com algumas pequenas mudanças, o mesmo *script* traçado para o ajuste dos anos anteriores. Com o aumento da carga tributária apoiado nas contribuições sociais, garantiu-se o alcance das metas para o superávit primário, acarretando, todavia, novos aumentos dos gastos correntes e maior estreitamento do espaço orçamentário para as despesas com investimentos.

Na disputa por recursos do orçamento, os conflitos federativos se acirraram, enquanto vários setores da sociedade, asfixiados pelo avanço da tributação, passaram a exigir o estabelecimento de limites legais para a carga tributária e a defender providências imediatas para o corte nos gastos públicos.

Mais um aumento de carga tributária

A figura 47 mostra a evolução da carga tributária no período 2002-05 e revela como o aumento de tributos, apesar de todas as pressões em sentido contrário, continuou sendo utilizado como instrumento preferencial do ajuste fiscal.

O aumento da carga tributária, embora ocorrendo a um ritmo menor do que nos anos anteriores, em virtude dos níveis já atingidos e do aumento das pressões contrárias ao recurso a esse expediente, esteve mais uma vez concentrado na órbita do governo federal e apoiado na expansão das contribuições sociais, conforme indicado nas figuras 47 e 48.

Figura 47
**Evolução da carga tributária por esfera de governo – 2002 e 2005
(% do PIB)**

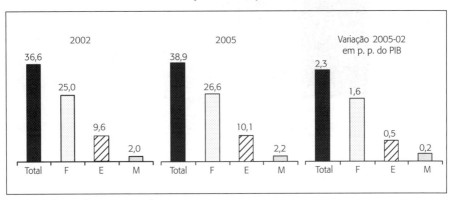

Fonte: Tabela A15 do anexo estatístico.
Nota: F = federal; E = estadual; M = municipal.

As mudanças anteriormente mencionadas nas regras de cobrança do PIS/Cofins, além da extensão de sua incidência, a partir de maio de 2004, aos produtos importados, e a ampliação da base de cálculo da

CSLL para as empresas de serviços e profissionais liberais explicam o desempenho da arrecadação dessas contribuições. Na contramão desse movimento, a receita de impostos cai, com o aumento do imposto de renda sendo compensado pela queda do IPI, dando continuidade à perda progressiva de importância deste imposto na estrutura tributária, com prejuízo para os fundos constitucionais – FPE e FPM – que alimentam as transferências a estados e municípios.

Figura 48
**Decomposição do aumento da carga tributária federal – 2002-05
(pontos percentuais do PIB)**

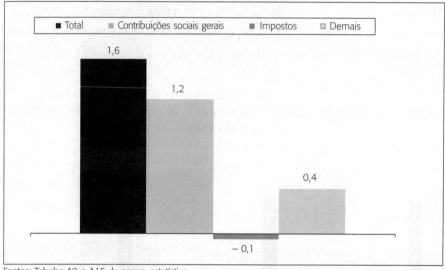

Fontes: Tabelas A9 e A15 do anexo estatístico.

A precariedade do ajuste fiscal

Com o crescimento das contribuições sociais, o aumento dos gastos com a seguridade social continuou por elas sendo alimentado. Esses gastos, juntamente com o seguro-desemprego, cresceram mais de um ponto percentual do PIB entre 2002 e 2005 (figura 49). Em conseqüência, para garantir o alcance da meta fixada para o superávit primário, os investimentos continuaram em trajetória de declínio, apenas registrando-se uma pequena recuperação no final do período (figura 50).[30]

Com a pressão das despesas correntes disputando espaços no orçamento com o compromisso de geração de elevados e crescentes superávits fiscais, maiores apertos no orçamento, por decretos de contingenciamento e aumento dos "restos a pagar", continuaram alimentando as incertezas da execução orçamentária e as dificuldades para melhorar a qualidade da gestão pública.

Figura 49
Contribuições sociais e gastos com seguridade social e seguro-desemprego – 2002-05
(% do PIB)

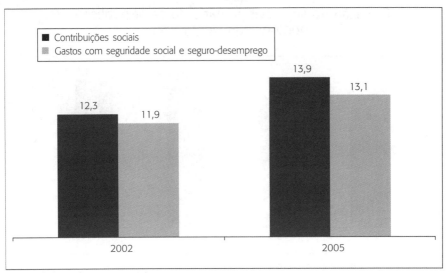

Fonte: Tabela A7 do anexo estatístico.

---

[30] Há controvérsias sobre o montante dos investimentos federais em 2005. Os valores podem estar superestimados em razão da inclusão de restos a pagar não-processados.

Figura 50
**Evolução dos investimentos federais – 2002-05
(% do PIB)**

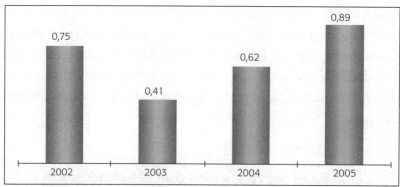

Fonte: Tabela A5 do anexo estatístico.

Figura 51
**Evolução do superávit primário do setor público –
2002-05 (em % do PIB)**

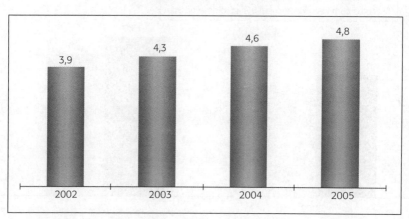

Fonte: Tabela A4 do anexo estatístico.

Os prejuízos para a federação e para o setor privado

Nesse processo, em que se tornou mais forte o torniquete orçamentário, o governo federal deixou de incluir, pela primeira vez, na proposta de orçamento para 2003 encaminhada ao Congresso Nacional, recursos para compensar os estados pela desoneração das exportações, conforme previsto na Lei Kandir, sob o argumento de que este benefício expirara em 2002.

Tal medida abriu uma nova frente de conflito com os estados, que ameaçaram trabalhar pela não-aprovação da lei orçamentária anual e suspenderam o ressarcimento do ICMS aos exportadores, enquanto essa pendência não fosse resolvida. Envolvendo recursos da ordem de R$ 3,9 bilhões, a reação dos estados transferiu as pressões dos exportadores diretamente para o governo federal, que terminou concordando em destinar recursos do orçamento para essa finalidade.

O quadro 10 relaciona as principais medidas adotadas pelo governo federal no campo fiscal para sustentar o ajuste fiscal nesse período. Como se constata, sem ter realizado uma reforma estrutural do sistema de impostos e contribuições, o governo continuou se valendo da adoção de mudanças pontuais para garantir o aumento da carga tributária. Somente a partir de 2004 é que pequenas iniciativas para desonerar exportações e investimentos e para incentivar a atividade produtiva foram adotadas, buscando compensar aumentos na carga tributária por meio de alguns benefícios para o setor privado.

Quadro 10
Principais mudanças na área fiscal no período 2003-06

Ano	Fatos
2003	❑ Aprovação das reformas tributária e previdenciária. ❑ Prorrogação da CPMF até 2007, com a mesma alíquota de 0,38% (EC nº 42/03). ❑ Prorrogação da Desvinculação da Receita da União (DRU) até 2007, com o mesmo percentual de 20% que vigorou até 2003 (EC nº 42/03). ❑ Cide-combustível: passa a ser compartilhada entre os três níveis de governo. ❑ Aumento da alíquota da CSLL das empresas optantes pelo regime do lucro presumido de 12% para 32%, a partir de 1º de setembro de 2003 para a prestação de serviços em geral, permanecendo em 12% da receita bruta nas atividades comerciais, industriais, serviços hospitalares e de transportes (Lei nº 10.684/03, art. 22). ❑ Criação do Programa de Parcelamento Especial (Paes), o Refis II. ❑ Prorrogação da alíquota de 27,5% do IRPF por mais dois anos, ou seja, até 2005.

Continua

Ano	Fatos
2004	❏ Extinção parcial da cumulatividade da Cofins e aumento da alíquota de 3% para 7,6% para as empresas que declaram o imposto de renda pelo regime do lucro real. ❏ Extensão da cobrança da Cofins às importações de bens e serviços, a partir de 1º de maio de 2004. ❏ Aumento de 3% para 4% da alíquota da Cofins incidente sobre o faturamento das instituições financeiras, seguradoras e assemelhados, a partir de 1º de junho de 2004 (Lei nº 10.684/03). ❏ Medidas destinadas à desoneração dos investimentos e ao estímulo à poupança de longo prazo. ❏ Criação da conta investimento, com isenção da CPMF. ❏ Redução da alíquota do IPI de 5% para 2% incidente sobre bens de capital e aplicação da lista de máquinas e equipamentos desonerados, incluindo mais 29 linhas de produtos. ❏ Redução da Cofins e PIS/Pasep na importação e comercialização, no mercado interno, de fertilizantes e defensivos agropecuários. ❏ Modificação, a partir de 1º de janeiro de 2005, das alíquotas do IR incidentes sobre os rendimentos de aplicações financeiras (Lei nº 11.033, de 21 de dezembro de 2004, altera a Lei nº 9.799, de 19 de janeiro de 1999), que passam a ser as seguintes: I) 22,5% em aplicações com prazo de até 180 dias; II) 20% até 360 dias; III) 17,5% até 720 dias; IV) 15% acima de 720 dias. ❏ Regulamentação das parcerias público-privadas (PPPs). ❏ Correção de 10% da tabela do IRPF para vigorar a partir de 1º de janeiro de 2005. ❏ Edição da MP nº 232 (chamada MP do mal) para compensar perdas de receitas esperadas com a correção da tabela do IRPF, a qual seria, em 2005, depois de inviabilizada, substituída pela MP nº 252 (a MP do bem).
2005	❏ Edição da MP nº 252 (chamada de MP do bem), em substituição à MP nº 232, que promove várias alterações no sistema tributário.
2006	❏ Criação do Refis II pela MP nº 303, de 29 de junho de 2006.

Mas o fato é que, além dessas medidas adotadas serem insuficientes para tanto, a dimensão dos benefícios concedidos é estreita, em face dos problemas que o sistema tributário acarreta para a competitividade da economia e para o fortalecimento do mercado interno, além dos impactos negativos que a carga tributária e sua composição irradiam para as relações federativas e para a qualidade das políticas públicas.

As Medidas Provisórias nº 232, nº 252 e nº 255: acomodando o ajuste em meio à reação contra o aumento de tributos

> Diante da resistência de amplos setores ao aumento da tributação e da crise política iniciada em 2005, o governo lançou mão do "saco de bondades", do qual tirou medidas importantes, mas insuficientes para corrigir as distorções do ajuste fiscal.

As pressões de governos subnacionais por aumento de recursos e de setores produtivos por desoneração tributária envolveram amplos setores da sociedade, que se mobilizaram para barrar novos aumentos de carga tributária, indicando que a continuidade do padrão de ajuste fiscal adotado há 10 anos começa a esbarrar em limites intransponíveis.

Esse novo quadro tornou-se evidente com a edição, no apagar das luzes de 2004, da Medida Provisória nº 232, com a qual se pretendeu ampliar a tributação sobre as empresas prestadoras de serviços que optaram por recolher o imposto de renda pelo regime do lucro presumido em vez do lucro real.

Originalmente, a MP nº 232 deveria restringir-se a corrigir em 10% a tabela do IRPF, reduzindo a defasagem de seus valores, que se acentuou a partir de 1996, quando o governo deixou de atualizá-la monetariamente. Com estimativas, à época, de perda de receita de R$ 2,3 bilhões com essa medida, o governo, para compensá-la, introduziu, sem ter negociado anteriormente, um novo artigo nessa MP ampliando tanto a CSLL quanto o imposto de renda sobre esse universo de empresas. Dessa vez, contudo, a estratégia de conceder benefício com uma mão e retirar com a outra não funcionou.

A reação de amplos setores da sociedade civil e do empresariado foi imediata. Com isso, a citada MP, que elevava de 32% para 40% a base de cálculo tanto da CSLL quanto do IR para essas empresas (em 2003 ela já havia sido aumentada de 12% para 32%), passou a ter seus dias contados. A reação da sociedade encontrou apoio, no Congresso, nos partidos da oposição e mesmo em parlamentares da base aliada. Prevendo que seria derrotado, o governo terminou cedendo e editando a MP nº 243, que substituiria a MP nº 232, mantendo a correção da tabela do IRPF em 10% e excluindo os artigos que tratavam do aumento do IR e da CSLL para as empresas de serviços e profissionais liberais e de outras mudanças que implicariam também aumento de impostos para outros setores, como a indústria, por exemplo.

Evidências de que o padrão de ajuste fiscal em vigor já começara a dar mostras de enfraquecimento também se manifestaram quando o governo, diante do descontentamento e de pressões do setor empresarial por maior empenho na contenção dos gastos, viu-se compelido a incluir, no projeto da Lei de Diretrizes Orçamentária (LDO) para 2006, os limites de 16% do PIB para a arrecadação administrada pela Secretaria da Receita Federal, e de 17% do PIB para as despesas correntes.

Embora algumas receitas e despesas, entre elas as despesas cobertas com a arrecadação excedente e as receitas atípicas, tivessem ficado excluídas desses limites, tornando "letra morta" a iniciativa, era evidente que começavam a estreitar-se as possibilidades de continuidade do ajuste em curso.

A resistência da sociedade a novos aumentos de impostos, combinada com a crise política que veio à tona a partir de junho de 2006 podem ajudar a explicar a adoção, em meados de 2005, de uma série de incentivos destinados ao setor produtivo voltados especialmente para a desoneração das exportações e dos investimentos, com a edição da Medida Provisória nº 252, de 15 de junho de 2005.

Concebida inicialmente para desonerar empresas de exportações e investimentos, a MP nº 252 estendeu-se a áreas tão diferentes como construção civil, previdência privada, inovação tecnológica, micro e pequenas empresas e crédito agrícola, além de ampliar os prazos para recolhimento de tributos para as pessoas jurídicas em geral. As áreas beneficiadas com a sua aprovação e as medidas nela contempladas encontram-se relacionadas no quadro 11.

Encaminhada ao Congresso em junho de 2005, a MP nº 252 conheceu uma tramitação atribulada, prejudicada pela crise política que se arrastava e pela inclusão, em seu texto, de novos benefícios, como foi o caso da duplicação do valor do faturamento do teto para enquadramento das micro e pequenas empresas no regime tributário do Simples, o que, se aprovado, elevaria as perdas de receitas, inicialmente estimadas em R$ 3,3 bilhões, para mais de R$ 6 bilhões.

No final, depois de intensas negociações e pegando carona na MP nº 255, já que o prazo da MP nº 252 se esgotara, as medidas foram aprovadas e incluídas, posteriormente, na Lei nº 11.197, de 21 de novembro de 2005. Com a sua aprovação, manteve-se a duplicação do teto do faturamento das micro e pequenas empresas para enquadramento no Simples, mas o governo federal conseguiu a aprovação, em seu texto, de dispositivos que lhe permitiriam compensar perdas adicionais de receitas para não comprometer as metas estabelecidas para o superávit primário e para preservar os compromissos com o ajuste fiscal.

Quadro 11
MP nº 252: áreas beneficiadas e mudanças tributárias

Medidas	Objetivos
Investimentos e exportação	
❏ Isenção por três anos do PIS/Pasep e Cofins na compra e importações de máquinas e equipamentos novos para empresas que exportam pelo menos 80% da produção	Incentivar investimentos voltados para a exportação
❏ Exportadoras de serviços de softwares ou de tecnologia da informação podem comprar bens e serviços para investir sem pagar PIS/Pasep e Cofins por cinco anos	Reduzir custos de investimentos
❏ Amplia do final de 2005 para o final de 2006 o prazo para utilização da CSLL sobre a depreciação contábil de máquinas e equipamentos	Incentivar aquisição de bens de capital
❏ Alíquotas de IPI incidentes sobre bens de capital são zeradas	Antecipar em 18 meses a redução já programada de isenção do IPI sobre bens de capital
Pesquisa e desenvolvimento	
❏ Permite a dedução do IR até o dobro das despesas com pesquisa e desenvolvimento	Ampliar gastos privados com inovação tecnológica
❏ Permite a dedução do IR, como despesa operacional, dos gastos com inovação das micro e pequenas empresas e inventores independentes	Incentivar as pequenas empresas a inovarem

Continua

Medidas	Objetivos
❏ O governo vai pagar até 50% da remuneração dos pesquisadores em atividade de inovação tecnológica	Estimular a contratação de pesquisadores
❏ Reduz a zero o pagamento de PIS/Pasep e Cofins sobre a venda, no varejo, de equipamentos de informática de até R$ 2.500	Incentivar a aquisição de computadores por pessoas de baixa renda
Construção civil	
❏ Reduz de 30% para 7% a tributação federal sobre empreendimentos imobiliários cuja contabilidade estiver isolada das contas das construtoras (patrimônio de afetação)	Incentivar opção por empreendimentos em construção e proteger o comprador em caso de quebra da construtora
❏ Cai de 9,25% para 3,65% a cobrança de PIS/Pasep e Cofins para contratos de longo prazo, com reajustes antes de 31 de outubro de 2003	Manter o preço do imóvel para contratos assinados quando havia cumulatividade desses tributos
❏ Isenção do IR sobre ganhos da venda de imóveis residenciais a cada cinco anos, se o valor for utilizado para comprar outro em até 180 dias (cobrava-se 15% do IR sobre os ganhos de capital na venda de imóveis)	Incentivar o mercado de compra e venda de imóveis
❏ Para as demais transações cria um redutor mensal de 0,35% para o cálculo do valor dos ganhos de capital, visando compensar ao menos parcialmente a inflação	
❏ Eleva de R$ 20 mil para R$ 35 mil a isenção do IRPF sobre o lucro decorrente da venda de imóveis de pequeno valor	Simplificar a negociação de bens de pequeno valor
❏ Eleva de R$ 20 mil para R$ 35 mil a isenção do IRPF sobre o lucro decorrente da venda de imóveis de pequeno valor	Simplificar a negociação de bens de pequeno valor
Microempresa e desenvolvimento regional	
❏ Pequenas e microempresas poderão calcular suas dívidas ativas com a União ou com o ISS dentro do esquema do Simples, desde que as dívidas sejam pagas em 30 dias	Desonerar o contribuinte já inadimplente e facilitar o retorno para o Simples
❏ Empresas instaladas em algumas microrregiões (Amazônia e Nordeste) podem depreciar integralmente bens de capital no ano de aquisição para efeito de IR e aproveitar o crédito do PIS/Pasep e Cofins em 12 meses	Estimular investimento produtivo em regiões de baixa renda
Financiamentos e mercado de capitais	
❏ Exclusão do PIS/Pasep e Cofins dos custos de captação das securitizadoras agrícolas	Aumentar fontes de financiamento ao agronegócio
❏ Compatibilizar o sistema de tributação de operações no mercado futuro com o padrão internacional	Racionalizar e reduzir custos e melhorar o sistema de gerenciamento de riscos
Previdência complementar	
❏ Permite a constituição de fundos de investimentos vinculados exclusivamente a planos de previdência, separados do patrimônio das entidades de previdência complementar	Aumentar a segurança para o participante do fundo de previdência

Continua

Medidas	Objetivos
❏ Permite a utilização dos recursos nos planos com as características acima como garantias adicionais para operações de crédito imobiliário	Incentivar a permanência nos fundos, no caso de compra de imóveis e melhorar condições de financiamento
Tributos ❏ A partir de janeiro de 2006, o recolhimento do IR passa de semanal para mensal e do IOF e da CPMF será feito a cada 10 dias e não mais semanalmente	Reduzir custos, simplificar procedimentos e melhorar fluxo de caixa de empresas
❏ Permite a compensação de créditos tributários com débitos previdenciários	Dar celeridade e eficácia no cruzamento tributário

Um balanço preliminar da situação do ajuste no período

> Somente contando com uma reforma fiscal abrangente, integrada e negociada, será possível enfrentar os desafios colocados na atualidade para o Brasil começar a vencer as suas dificuldades.

As pequenas concessões feitas recentemente no campo tributário apenas reforçam a natureza do ajuste fiscal que vem sendo perseguido desde o início do Plano Real. Condicionadas à necessidade de sustentação de elevados superávits primários, elas só se tornam possíveis na medida em que as perdas de receita por elas geradas sejam compensadas por outros ganhos de arrecadação, não tendo, portanto, a capacidade de remover as travas que impedem a aceleração do crescimento econômico.

A preservação do mesmo padrão de ajuste adotado desde o início do Plano Real, que carrega, pela sua natureza, a contradição de promover aumento dos gastos correntes, dadas as vinculações existentes, torna o esforço realizado extremamente oneroso para a economia e a sociedade, em geral, por não permitir vislumbrar os limites desse processo, mesmo porque, sendo *móvel* a meta do superávit primário, esforços adicionais podem vir a ser exigidos em caso de mudança no cenário internacional, sem que se tenha noção de sua dimensão.

Apoiado no aumento de uma carga tributária e que enfrenta fortes questionamentos, o ajuste fiscal que vem sendo adotado cobra um preço muito alto para a competitividade da produção e para a eqüidade da tributação, limitando o mercado interno e o crescimento da economia, além de manter permanentemente inseguros os contribuintes, pelas seguidas mudanças tributárias realizadas para sustentar a arrecadação.

Ademais, à medida que enfraquece os governos estaduais e reduz sua autonomia, limita sua capacidade de contribuir para complementar o papel do governo federal na oferta de políticas públicas, especialmente nas áreas em que a ação do Estado para a promoção do desenvolvimento é, hoje em dia, fundamental, como a educação, a saúde, a segurança e o meio ambiente, e nas quais a descentralização administrativa é fundamental para a eficiência e a eficácia das ações desenvolvidas.

Nessa situação, para avançar na busca de uma solução global para as distorções apontadas ao longo deste livro, torna-se imperativo mudar a estratégia adotada até o momento e modificar o padrão de ajuste fiscal daqui para frente. Isso significa enfrentar os desafios gerados pelo processo de globalização, de abertura das economias e de integração dos mercados financeiros e de produtos, conciliando, portanto, políticas de austeridade com eficiência microeconômica e com o fortalecimento da federação. Para vencer esses desafios, que carregam difíceis escolhas e inevitáveis conflitos, reformas estruturais abrangentes são inevitáveis. É o que se discute no próximo capítulo.

Capítulo 3

Da necessidade de desatar o nó fiscal amarrado em 1988

A velocidade das transformações e o tempo das reformas

Para desarmar o *nó fiscal* que obsta o crescimento econômico e mantém estrangulada a federação é preciso conciliar as reformas fiscal e tributária com as exigências atuais colocadas pelo processo de globalização e de abertura das economias, sem descurar de compromissos com políticas de austeridade fiscal.

A busca de uma solução global para os problemas que o país atualmente enfrenta implica percorrer caminhos diferentes dos que têm sido trilhados e enfrentar desafios que o governo tem evitado com receio de comprometer os objetivos da política de austeridade fiscal, o que tem mantido a economia presa num círculo vicioso do qual não se vislumbra saída. Isso significa mudar a estratégia até aqui adotada e considerar uma reforma fiscal abrangente não como obstáculo, mas como parte da solução desses problemas.

A opção por medidas pontuais, orientadas predominantemente pela lógica do ajuste de curto prazo das contas públicas, tem se mostrado de fôlego curto e incapaz de desarmar o nó fiscal que obsta o crescimento econômico e mantém estrangulada a federação. Se a dualidade tributária se encontra na raiz do ajuste de má qualidade que foi inicialmente adotado e posterior-

mente aprofundado com as exigências colocadas pelo programa de estabilização, é o enfrentamento dessa questão, e não a insistência em prorrogar soluções transitórias, que pode abrir caminhos para a correção dos problemas fiscais do país.

Reformas abrangentes são necessárias, mas a restrição orçamentária tem conduzido a uma atitude de extrema prudência na condução da política fiscal, mas essa atitude não é condizente com a velocidade das mudanças que se processam no campo da economia, impulsionadas pela abertura e a globalização comercial e financeira.

A globalização da economia cria novos desafios à tributação, ao gasto público e ao equilíbrio federativo. As responsabilidades do Estado na provisão de serviços públicos precisam ser atendidas com eficiência de forma a reduzir desperdícios e limitar o tamanho da carga tributária. As bases tributárias precisam ser harmonizadas e o compartilhamento das bases requer uma nova atitude no que diz respeito à repartição do poder de tributar. A recuperação da capacidade de o Estado investir na infra-estrutura, apoiar o desenvolvimento tecnológico e reduzir as disparidades sociais ganha nova dimensão.

Globalização, tributação e competitividade

O padrão do ajuste fiscal adotado no Brasil não exerceria efeitos tão danosos caso se tratasse de uma economia fechada, com baixo grau de relações comerciais externas, como era a economia brasileira até o final da década de 1980. As transformações que conheceram o capitalismo nesse período, com o processo de globalização dos mercados financeiro e de produtos, acompanhado da formação de blocos econômicos regionais, modificaram essa realidade e passaram a exigir da política fiscal uma maior atenção ao problema da competitividade.

Para que atendam as preocupações com a *competitividade*, os sistemas tributários modernos devem ser compatíveis com os objetivos de crescimento econômico e inclusão social. Desse modo, bases tributárias de alta mobilidade espacial (aí incluído o trabalho mais qualificado), não devem sofrer ônus elevado, ao passo que investimentos e exportações devem ser completamente desonerados.

Esse receituário, com o qual se procura garantir a integração competitiva na economia global, recomenda deslocar a tributação para bases de menor mobilidade, como o consumo, os salários, a renda pessoal e a propriedade. É esse o caminho que vem sendo percorrido, por exemplo, pela Comunidade Européia, desde o início de sua formação, para pavimentar e fortalecer os caminhos da integração econômica da atual União Européia.

É claro que o ritmo e a velocidade com que esse caminho deve ser percorrido variam em função da magnitude das distâncias que separam os sistemas tributários vigentes das recomendações mencionadas. Mas, com o avanço da globalização, as pressões são mais fortes, na atualidade, acarretando a necessidade de se avançar mais rapidamente em comparação com o ritmo observado na União Européia, ao longo da segunda metade do século passado, sob pena dos países retardatários perderem o bonde da história que transporta o mundo globalizado.

O ritmo de mudanças depende, também, das características dos mercados. *No mercado financeiro*, como o dinheiro é a mercadoria que circula com maior facilidade e rapidez, a exigência do ajustamento é mais veloz e premente. Não sem razão, o rebaixamento das alíquotas do imposto de renda, das pessoas e empresas, promovido pelos EUA, em 1986, provocou uma rodada semelhante nos países europeus e, depois, em várias economias emergentes.

O Brasil, seguindo essa tendência, reduziu, a partir de 1989, as alíquotas do imposto de renda da pessoa física (IRPF), até então em número de oito para apenas duas (de 10% e 25%), que foram posteriormente elevadas para 15% e 27,5%. No caso do imposto de renda da pessoa jurídica (IRPJ), reduziu e estabeleceu, em 1995, uma alíquota uniforme de 15% sobre o lucro das empresas, embora tenha previsto alíquotas adicionais desse imposto para lucros superiores ao teto estabelecido em lei.

Mais recentemente, isentou do imposto de renda os ganhos de investidores estrangeiros obtidos com aplicações de renda fixa em títulos públicos, antes taxadas com alíquotas que variavam entre 15% e 22,5% (MP nº 281, de 16 de fevereiro de 2006).

São medidas importantes, mas ainda insuficientes num processo que deve ter um rápido desfecho, com tendência de extinção de impostos e tributos incidentes sobre os resultados de aplicações e investimentos realizados por estrangeiros no país (lucros, dividendos, juros etc.), de acordo com o padrão internacional. A duplicidade de incidências sobre o lucro decorrente da instituição e expansão da CSLL é outro problema que precisa ser corrigido.

No mercado de produtos, as exigências de mudanças são mais lentas, propiciando razoável margem de manobra para a adaptação dos sistemas tributários. Distâncias, hábitos de consumo, barreiras não-tarifárias ao comércio influenciam essa velocidade. Nesse caso, as pressões externas podem ser sentidas com menor intensidade. Mas no caso de uniões econômicas ou blocos comerciais, as exigências da harmonização são onipresentes, requerendo a eliminação de restrições à livre circulação de mercadorias e serviços no interior do bloco e a abolição de assimetrias tributárias que prejudiquem a concorrência entre seus membros. Impostos de má qualidade e incentivos, na forma de subsídios, que alterem a livre concorrência, não cabem nesse figurino.

O Brasil tem caminhado, como vimos, na contramão dessas exigências. Não somente o peso dos tributos de incidência cumulativa ganhou considerável espaço em sua estrutura tributária, como também um imposto que incide legalmente sobre o valor agregado, como o ICMS, apresenta, como vimos, inúmeras distorções. Além disso, os investimentos continuam sendo tributados, direta e indiretamente, na forma de prazos elásticos de compensação de impostos pagos na sua aquisição. Para completar o quadro, a autonomia dos estados da federação com respeito ao ICMS preserva um sistema de incentivos fiscais para as empresas que distorce critérios alocativos de investimentos e prejudicam a concorrência.

No mercado de trabalho, dada a menor mobilidade da mão-de-obra, são maiores as resistências à harmonização e, em decorrência das crescentes barreiras à imigração no plano internacional, como conseqüência dos elevados índices de desemprego mesmo no mundo desenvolvido, menos relevantes as pressões internacionais para seu avanço. Nesse caso, a preocupação com a harmonização tende a ser substituída por maior demanda por desoneração dos encargos trabalhistas, visando à redução dos custos de produção para aumentar o poder de competição das empresas no mercado internacional.

Também nesse campo, o Brasil ostenta uma posição que coloca o setor produtivo em desvantagem com a maioria dos países com que mantém relações comerciais. Expressivas contribuições previdenciárias bancadas pelas empresas para seus empregados, juntamente com pesados encargos trabalhistas, constituem mais um fator que prejudica a competitividade.

A abrangência e amplitude das mudanças requeridas no sistema tributário brasileiro apresentam dificuldades e geram conflitos que não podem ser ignorados. O estreitamento das bases da tributação pode ocasionar uma redução da carga de impostos, chocando-se com os compromissos assumidos pelo Estado, na forma de geração de superávits fiscais primários para garantir a sustentabilidade da relação dívida/PIB.

A revisão dos impostos também pode, por outro lado, afetar o equilíbrio federativo, não somente no que diz respeito à distribuição de receitas entre os seus entes, como também no tocante à autonomia que, atualmente, os governos subnacionais dispõem na administração de seus tributos. Conciliar as mudanças no sistema tributário com medidas que dêem respostas também para essas questões é um desafio a ser vencido para que uma reforma abrangente possa ter êxito.

A revisão do federalismo fiscal e a redução dos antagonismos

> No campo do federalismo fiscal, é preciso criar condições para garantir a coesão e a cooperação entre os seus entes, devendo a reforma tributária contemplar três dimensões importantes no regime fiscal para o equilíbrio federativo: a repartição de poderes e responsabilidades entre os governos; o regime de transferências e de responsabilidades; e as ações para a redução das desigualdades regionais e pessoais.

A revisão do modelo fiscal-federativo não pode se ater, exclusivamente, a mudanças no campo das competências tributárias, pois essas tenderão a reduzir a autonomia e preservar as grandes desigualdades existentes na federação, justificando as resistências à sua materialização. A revisão das regras que determinam a partilha de receitas e as transferências intergovernamentais de recursos são essenciais para restaurar o equilíbrio.

A despeito dos inúmeros sinais de esgotamento da opção até agora adotada para conduzir o processo de ajuste das contas públicas, é impossível ignorar os desafios que a globalização da economia e das finanças, juntamente com a formação de blocos econômicos regionais, impõem às federações. Essas são duplamente afetadas pela imposição de crescentes limites à autonomia dos Estados nacionais. De um lado, a harmonização das políticas econômicas, principalmente a tributária, exige uma maior uniformização dos impostos cobrados em todo o país, abalando um dos pilares tradicionais da autonomia federativa. De outro, a necessidade de sustentação do equilíbrio fiscal conduz à imposição de crescentes limites ao gasto público e ao endividamento de estados e municípios, à medida que uma rigorosa disciplina fiscal é fundamental para o sucesso da integração na economia mundial.

Outros desafios importantes referem-se à coesão federativa e à redução das disparidades regionais. Enquanto o desenvolvimento baseado no mercado interno e sustentado na substituição de importações exigiu a integração do mercado doméstico, a liberalização dos fluxos financeiros e comerciais abre espaço a um maior intercâmbio com países vizinhos, e mesmo com mercados do Atlântico Norte, enfraquecendo os incentivos à cooperação inter-regional.

A internacionalização da economia da Amazônia, o desenvolvimento do agronegócio de exportação no Centro-Oeste, o deslocamento de indústrias tradicionais para o Nordeste, o estreitamento das relações do Sul/Sudeste com os países do Mercosul constituem traços marcantes de uma nova geografia econômica que precisa ser devidamente considerada. Nesse contexto, importa ressaltar a necessidade de criarem-se condições favoráveis à cooperação intergovernamental com vistas a um novo equilíbrio federativo e regional.

Em paralelo, a abertura e a globalização criam focos de tensão que tendem a acirrar os antagonismos. Esses focos se manifestam:

❑ na tentativa, por parte da União, em impor controles mais rigorosos sobre a gestão administrativa e financeira de estados e municípios e nas reações que ambos oferecem ao cerceamento de suas autonomias;
❑ na demanda de estados e municípios por compensações de perdas sofridas em decorrência de decisões adotadas pelo governo federal, como se verifica no caso das exportações;
❑ no enfraquecimento dos laços de solidariedade nacional provocado pelas novas oportunidades de comércio com países vizinhos;
❑ na eclosão e escalada da guerra fiscal.

Com a remoção das barreiras à livre circulação de mercadorias e serviços, as diferenças de tratamento tributário precisam ser removidas, sob pena de prejuízo para os países que mantiverem impostos que penalizam a produção, os investimentos e a exportação. As pressões por harmonização tributária demandam a substituição de um variado número de impostos que incidem sobre bases estreitas por um reduzido número de tributos de base ampla, vedando a possibilidade de o equilíbrio federativo ser alcançado mediante fragmentação das bases e atribuição de competências tributárias exclusivas a cada um dos entes de uma federação.

O recurso a competências concorrentes também não é compatível com as exigências de normas e de práticas administrativas uniformes em todo o território nacional. Dessa forma, é necessário adotar um regime de competências partilhadas, no qual uma mesma base impositiva – o consumo, principalmente –, passa a ser objeto de tributação simultânea pelas entidades que compõem a federação.

Partilhar competências é distinto de partilhar as receitas dos tributos. Na partilha de receitas, o tributo pertence a uma das partes, quase sempre o governo central, que se encarrega da sua administração e cobrança, e reparte o produto da arrecadação com os estados-membros de acordo com regras estipuladas na legislação. Na partilha de competências, o tributo pertence a ambos, União e estados, que negociam conjuntamente, no Congresso, a legislação aplicável e as alíquotas que correspondem à parcela de cada um no tributo em questão. Ambos submetem, portanto, sua autonomia para legislar em matéria tributária ao Poder Legislativo nacional.

Outra vantagem importante da partilha de competências é a contribuição que ela traz para a estabilidade normativa. A partilha de uma ampla base tributária entre os componentes de uma federação torna mais difícil a ocorrência de freqüentes mudanças na legislação, pois para isso seria necessário conciliar interesses que nem sempre estariam de acordo com a necessidade e a natureza da mudança pretendida. Mais estabilidade também é importante para dar mais segurança ao contribuinte e estabelecer um ambiente propício a decisões de investimento e à atração de capitais, ambos de fundamental importância para o desenvolvimento nacional.

Em contrapartida, a harmonização tributária afeta um dos pilares centrais da autonomia dos entes federados, centrada na repartição das competências impositivas e nos mecanismos de repartição de receitas constitucionalmente definidos. Assim, para que ela venha a ser implementada, será necessário compensar as rígidas limitações à mobilização de recursos por meio da tributação com uma maior liberdade de aplicação dos recursos arrecadados, desde que as exigências do equilíbrio fiscal sejam respeitadas.

Numa federação marcadamente desigual como a brasileira, é necessário buscar um melhor equilíbrio entre autonomia e cooperação. A questão é como esse federalismo cooperativo poderá ser implantado, tendo em vista as manifestações recorrentes de antagonismo e a ausência de estímulos à cooperação.

Se adotada, a partilha de competências tributárias passa a ser instrumento poderoso de incentivo à cooperação. Um IVA nacional uniforme, partilhado pela União, estados e municípios e incidente sobre todas as mercadorias e serviços, contribui para a remoção de antagonismos e induz à cooperação. Uma base impositiva comum e uma legislação nacional uniforme propiciam a cooperação intergovernamental no campo da administração tributária, com benefícios não-desprezíveis para o contribuinte e para o fisco.

Do ponto de vista do contribuinte, a simplificação decorrente da adoção de uma base única para cálculo dos débitos fiscais reduz o custo das obrigações acessórias e dispensa a necessidade de recurso a diferentes instâncias para a solução de conflitos de interpretação. Do ponto de vista do fisco, a integração de cadastros e a fiscalização conjunta aumentam a eficiência do combate à fraude e à sonegação, ao mesmo tempo em que permitem obter substanciais economias administrativas.

Nesse modelo, o antagonismo que freqüentemente se manifesta sob a forma de concessão de incentivos fiscais para a atração de indústrias cede espaço para a adoção de políticas ativas de atração de atividades econômicas modernas por meio de programas de investimento na melhoria da infra-estrutura, dos serviços urbanos e dos programas sociais, notadamente os de melhoria do ensino básico e da assistência médico-hospitalar. A indispensável cooperação intergovernamental no financiamento de investimentos e na provisão de serviços contribuirá para fortalecer a coesão nacional.

Na implementação desse modelo, a co-participação no financiamento é a contrapartida da partilha de competências. Por meio dela, fica mais fácil avançar na direção de uma maior descentralização das responsabilidades públicas, sem que seja necessário incorrer em uma *overdose* de transferências. Com a repartição das receitas tributárias na federação guardando uma relação mais estreita com a renda e o consumo local, a co-participação no financiamento poderia ser definida em função das necessidades de atendimento das responsabilidades do Estado em uma nova política de desenvolvimento.

Os caminhos da reforma

A defesa de uma reforma fiscal abrangente, que remova as causas dos desajustes que foram se acumulando ao longo dos últimos 17 anos, tem uma importante justificativa. A de que a alternativa é mobilizar forte apoio político para aprovar mudanças profundas na previdência social, que, ainda que sejam implementadas na dimensão que vem sendo sugerida por especialistas, significaria adiar por cerca de uma década a modernização do sistema tributário, o equilíbrio da federação e as ações necessárias para melhorar a qualidade das políticas públicas.

Convém ressaltar que o foco das prioridades que vêm sendo sugeridas para conter a expansão dos gastos e evitar a breve eclosão de uma crise fiscal está direcionado para os programas abrangidos pelo conceito de seguridade social adotado pela Constituição de 1988. Por trás da expansão dos gastos com benefícios previdenciários e com os programas de saúde e assistência está, como vimos, a universalização dos direitos de cidadania, pela qual todos os cidadãos, independentemente de qualquer vínculo empregatício ou contributivo, deveriam ter acesso à proteção plena do Estado em matéria de previdência, saúde e assistência. Ademais, para evitar a corrosão do valor dos benefícios pelo efeito da inflação, estes passariam a ter como piso o valor do salário mínimo. A materialização desses direitos seria assegurada pela solidariedade no financiamento e a integração da gestão. De acordo com a Constituição:

> Artigo 194 – A seguridade social *compreende um conjunto integrado de ações de iniciativa dos poderes públicos e da sociedade*, destinadas a assegurar os direitos relativos à saúde, à previdência e à assistência social.

Artigo 195 – *A seguridade social será financiada por toda a sociedade, de forma direta e indireta*, nos termos da lei, mediante recursos provenientes dos orçamentos da União, dos estados, do Distrito Federal e dos Municípios, e das seguintes contribuições:

I – do empregador, da empresa e da entidade a ela equiparada na forma da lei, incidentes sobre:

a) a folha de salários e demais rendimentos do trabalho pagos ou creditados, a qualquer título, à pessoa física que lhe preste serviço, mesmo sem vínculo empregatício;

b) a receita ou o faturamento;

c) o lucro;

II – do trabalhador e dos demais segurados da previdência social não incidindo contribuição sobre aposentadoria e pensão concedidas pelo regime geral de previdência de que trata o art. 201;

III – sobre a receita de concursos de prognósticos.

Artigo 201 – A previdência social....

Parágrafo 2º – Nenhum benefício que substitua o salário de contribuição ou o rendimento do trabalho do segurado terá valor mensal inferior ao salário mínimo.

Artigo 203 – A assistência social será prestada a quem dela necessitar, independentemente de contribuição à seguridade social, e tem por objetivos:

V – A garantia de um salário mínimo mensal à pessoa portadora de deficiência e ao idoso que comprovem não possuir meios de prover a própria manutenção ou de tê-la provida por sua família, conforme dispuser a lei.

Mudanças que impliquem separar da previdência o chamado "componente assistencial", isto é, os benefícios que não têm uma relação direta com a contribuição, implicam o abandono do conceito de seguridade social. Da mesma forma, a redução das garantias constitucionais ao financiamento da saúde e à eliminação do piso previdenciário contraria a determinação de tornar efetivo o princípio de universalização do acesso à saúde e de preservação do valor dos benefícios.

Tal fato revela que mesmo uma proposição de reforma aparentemente restrita à previdência entra em choque com um dos princípios mais festejados da Constituição de 1988. Apesar de na prática a proposta da seguridade social tal como concebida ter sido abandonada, propor sua rejeição sem apresentar opções para dar viabilidade ao princípio de universalização dos direitos de cidadania é uma atitude arriscada.

A agenda da reforma da previdência – melhor seria dizer a reforma da seguridade – é uma agenda politicamente sensível. Ela se concentra em eliminar garantias e reduzir benefícios. A favor estariam todos aqueles que percebem a importância das mudanças para conter a escalada do gasto público e evitar a eclosão de uma crise fiscal de grandes proporções. Contra estariam todos aqueles que veriam nessa proposta mais uma tentativa de impor o ônus do ajuste fiscal sobre os segmentos menos favorecidos da população.

Dirigindo o foco das reformas para o crescimento

Mantido o foco da reforma na macroeconomia, melhorias na qualidade do sistema tributário e na eficiência da gestão pública continuariam aprisionadas em espaços estreitos. Dada a necessidade de ampliar investimentos, a impossibilidade de reduzir a carga tributária de modo significativo levaria à continuidade dos ajustes pontuais nos impostos para ir removendo, gradualmente, as distorções mais relevantes. No tocante à gestão pública, os problemas causados pela distância entre o financiamento (recursos centralizados) e a gestão das políticas sociais (descentralizada) continuariam impondo dificuldades à eficiência e à eficácia do gasto.

Outra dimensão relevante da questão fiscal – a federativa – também ficaria para depois. O receio de que a ampliação da agenda de reformas, para incluir ajustes importantes nas relações fiscais intergovernamentais, possa criar maiores dificuldades à aprovação de medidas consideradas prioritárias para a consolidação do ajuste fiscal macroeconômico é real, mas não deve ser sobrestimado. Afinal, mudanças em regras que afetam os direitos sociais dos trabalhadores e de segmentos menos privilegiados da população não são isentas de conflitos e de reações.

Assim, vista sob outra perspectiva, a ampliação da agenda pode facilitar, ao invés de dificultar, a aprovação de reformas polêmicas, ao angariar apoio no Congresso Nacional para a implementação de outras mudanças que interessam ao equilíbrio federativo, facilitam o andamento da reforma tributária e contribuem para o ajuste estrutural das contas públicas.

A questão federativa é de grande importância para avaliar as chances de aprovação da reforma fiscal. Com a rigidez orçamentária atando a mão dos governadores, é pouco provável que a proposta de prorrogação e ampliação da DRU não gere novas pressões para estender a mesma medida aos estados e municípios por meio da DRE e da DRM, aumentando a reação dos setores que seriam prejudicados (educação e saúde, principalmente). De outra parte, a DRE pode vir a ser vista como uma forma de evitar que a questão dos termos da renegociação da dívida com a União seja reaberta como uma alternativa para desafogar os orçamentos estaduais.

A recentralização das receitas e o esvaziamento dos fundos constitucionais que resultaram da reação aos dispositivos da Carta de 1988 contrariam o princípio de que a descentralização fiscal é um caminho saudável para aumentar a eficiência e a eficácia do gasto público, bem como para a co-responsabilidade de contribuintes e governantes (*accountability*). A descentralização fiscal é saudável quando os governos subnacionais são responsáveis por financiar, com recursos próprios, uma parte significativa dos seus gastos, e quando aquelas unidades federativas cujas economias não geram bases tributárias significativas financiam seus gastos mediante transferências compensatórias que obedecem a princípios de equalização fiscal e a regras transparentes de repasse.

A melhoria da gestão pública e da qualidade tributária, assim como a recomposição do equilíbrio federativo, passam, portanto, pela mesma ques-

tão que afeta o ajuste fiscal: a seguridade social. Como já mencionado, é possível contornar os impactos fiscais da seguridade social no campo macroeconômico com medidas pontuais de efeitos transitórios, mas essa estratégia, além de não ser isenta de riscos, adia por um prazo que pode ser demasiadamente longo as mudanças tributárias requeridas pela microeconomia e as alterações no federalismo fiscal demandadas pela federação. É importante avançar também nessas duas outras direções.

A revisão da proposta da seguridade social não deve ser vista como uma mudança que visa eliminar garantias de atendimento dos direitos sociais, mas sim questionar a eficácia de garantias que se limitam a vincular receitas, ou porcentagens do orçamento, a setores protegidos. Os dois vícios principais dessa espécie de garantias, além do espaço que concede a práticas ilícitas, são a ausência de incentivos ao uso eficiente e eficaz dos recursos disponíveis e a rigidez das regras adotadas, em um contexto onde os problemas que elas pretendem solucionar se alteram a uma velocidade cada vez maior em função da dinâmica socioeconômica.

O primeiro pode ser corrigido mediante inclusão de metas a serem alcançadas para acesso aos recursos e o segundo por meio da transferência para a legislação infraconstitucional das definições quanto aos recursos a serem disponibilizados em um dado período de tempo e das metas a serem alcançadas nesse período.

Uma proposta que tem sido objeto de discussão no Congresso Nacional, a adoção de uma lei de responsabilidade social, pode vir a ser uma alternativa interessante para lidar com o problema acima apontado. Uma lei dessa natureza poderia estipular metas, definir recursos necessários para atingi-las, instituir mecanismos de verificação do seu cumprimento e prever sanções a serem aplicadas em caso de falta de empenho na implementação das ações necessárias.

Fundamental para o sucesso de uma agenda ampliada de reforma é a compreensão da complexa inter-relação entre as várias dimensões da questão fiscal. Por mais paradoxal que possa parecer, a ampliação da agenda abre espaço para vislumbrar um conjunto de mudanças que podem facilitar em vez de bloquear o entendimento.

A eliminação da distinção artificial entre impostos e contribuições, por exemplo, tornaria desnecessária a prorrogação de soluções artificiais para reduzir a rigidez orçamentária, ao mesmo tempo em que evidenciaria a necessidade de redefinir as garantias para o atendimento dos direitos sociais. Tal providência abriria caminho para a harmonização das bases tributárias, a partilha de um IVA nacional e abrangente sobre o consumo de mercadorias e serviços, e a recuperação dos princípios de equalização fiscal e cooperação intergovernamental na revisão do sistema de transferências de recursos entre os entes federados.

Outras distorções que comprometem os propósitos de imprimir eficiência, eficácia e efetividade à gestão pública, e que derivam da excessiva centralização do financiamento das políticas sociais, também poderiam ser corrigidas mediante a recuperação do equilíbrio na repartição de receitas públicas na federação. Como já mencionado, uma das virtudes da descentralização fiscal, perdida com a centralização promovida nas últimas décadas, é aproximar governantes e governados, de modo a propiciar um melhor controle da sociedade sobre o Estado e os gastos públicos.

Conclusão

O plano fiscal

A proposta que emerge do exaustivo diagnóstico do problema fiscal brasileiro contido neste livro é a que está na hora de o Brasil abandonar medidas pontuais e provisórias para sustentar o cumprimento de metas fiscais e pôr em prática um plano fiscal assentado em uma ampla reforma das finanças públicas nacionais.

Em contraposição a medidas pontuais, de alcance e resultados limitados, a tese da reforma abrangente, que conduz à proposta do plano fiscal, vê a questão sob outra perspectiva: a de que problemas complexos não comportam soluções simples. Daí as dúvidas que suscita e o receio que provoca com respeito às chances de sua aprovação. Frente a esse receio, dissemina-se a preocupação de que, se adotada, tal estratégia possa inviabilizar em vez de facilitar as mudanças que tornariam possível a posterior redução da carga tributária e a modernização dos impostos.

No entanto, cabe indagar por que é mais fácil acreditar que reformas parciais, impopulares e politicamente sensíveis, embora necessárias, como as que defendem a revisão de benefícios previdenciários e assistenciais e a limitação dos gastos com a saúde, sejam vistas como uma opção de menor risco, em comparação com a reforma abrangente?

Ainda que fosse, como justificar que elas deveriam vir em primeiro lugar, quando os estudos a respeito mostram que os efeitos de uma reforma previdenciária sobre os gastos públicos só se farão sentir, de modo significativo, no longo prazo (a esse respeito ver as simulações contidas na proposta do Plano Diretor para o Mercado de Capitais). No médio prazo, só com a economia crescendo mais rápido, mas como crescer mais com a atual carga tributária?

A rigor, o debate sobre o problema fiscal brasileiro se assemelha ao que ocorria por ocasião das fracassadas tentativas de resolver o problema inflacionário. Então como agora, medidas heterodoxas de fôlego curto não solucionavam o problema e criavam novas distorções. O Plano Real matou a inflação, mas ao não ser acompanhado por um plano fiscal manteve a economia refém de baixas taxas de crescimento. O complemento do Plano Real é o plano fiscal. Não é novidade. A necessidade de corrigir os desequilíbrios fiscais era apontada desde o início como um complemento indispensável do Plano Real. Contudo, ao optar por ajustes provisórios e de fôlego curto, a exemplo das tentativas heterodoxas de combate à inflação, o Brasil matou a inflação, mas debilitou o crescimento. Está na hora de corrigir esse equívoco.

A principal dificuldade de uma reforma fiscal abrangente não é promovê-la e sim ter a disposição de enfrentá-la. Por motivos diversos, todos receiam tomar a iniciativa de propô-la. Governos, por receio de perda de arrecadação. Empresários por medo de que ela gere um efeito oposto, isto é, mais e maiores impostos. Na dúvida, parece melhor brigar pela continuidade de ajustes pontuais que removam aos poucos as distorções conhecidas.

No entanto, é preciso olhar o problema sob outra perspectiva. A insistência na continuidade do atual padrão de ajuste não é uma estratégia isenta de riscos, o maior deles sendo a rejeição das propostas que viabilizariam cortes mais rápidos e mais profundos nos gastos. Nessa hipótese, o ajuste continuaria dependendo da receita de contribuições e da eventual aprovação de um aumento na DRU. Ainda assim, mesmo que esse aumento fosse aprovado, os gastos continuariam subindo em função do efeito cremalheira, ainda que a um ritmo menor.

A reforma abrangente facilita a reforma da previdência e o corte de gastos

A proposta do plano fiscal não exclui a necessidade de reformar a previdência e nem abandonar a tese de que é necessário conter os gastos de custeio para viabilizar a redução da carga tributária. Ao contrário, ela pode facilitar o alcance desse objetivo. Por quê? Por várias razões, entre elas:

- ela parte do reconhecimento oficial de que a proposta da seguridade social, tal como concebida pelo Congresso Constituinte, já foi há muito abandonada e, portanto, o modelo do financiamento criado com essa finalidade não mais se justifica;
- com esse reconhecimento, a dualidade tributária que gerou as distorções assinaladas ao longo deste livro perde sentido e o divórcio entre previdência e assistência passa a ser oficialmente sancionado;
- com a extinção da dualidade tributária, as contribuições previdenciárias reassumiriam seu caráter parafiscal e as demais contribuições para a seguridade seriam incorporadas ao capítulo tributário, eliminando a fonte de retroalimentação do gasto (o efeito cremalheira) e de conflitos federativos que impedem o avanço da reforma tributária.

E amplia o espaço para a negociação de conflitos

A suposição de que uma reforma fiscal abrangente é de mais difícil viabilidade política também merece ser objeto de dúvida. Nesse caso, ao invés de um confronto direto entre aqueles que defendem a revisão dos direitos sociais e os que se mobilizam para defender esses direitos, todas as cartas estariam na mesa e o confronto direto seria diluído em meio a uma múltipla negociação de interesses, na qual:

- a necessidade de conciliar a responsabilidade fiscal com a preservação de garantias de atendimento dos direitos sociais, o equilíbrio federativo e a modernização tributária amplia as chances de negociação dos conflitos envolvidos;
- o reconhecimento de que a solução dos problemas sociais não depende apenas de garantia de recursos federais, mas também da eficiência com que esses recursos são aplicados no nível estadual e municipal, amplia o foco da discussão a respeito das garantias sociais para incluir também a questão da melhoria na gestão do gasto e a necessidade de reduzir as disparidades entre a repartição de recursos e de responsabilidades.

Os passos para um novo plano fiscal

Assumida a tese da reforma abrangente, fica a pergunta: o que deveria ser feito? Por onde começar? Como avançar na direção do novo plano fiscal? Uma relação preliminar dos primeiros passos a serem dados é a seguinte:

- eliminar a dualidade tributária extinguindo a distinção artificial entre impostos e contribuições;
- definir o regime de financiamento da previdência no capítulo da Constituição que regula essa matéria, de modo a consolidar a proposta de separação da previdência dos demais programas da seguridade social;
- incorporar as demais contribuições para a seguridade social ao sistema tributário, eliminando as vantagens que hoje existem para a cobrança de contribuições;
- rever as garantias ao financiamento dos direitos sociais. Direitos individuais, como os estabelecidos em leis que definem obrigações do Estado com respeito ao pagamento de renda mensal a idosos, deficientes ou famílias pobres, não dependem de receitas vinculadas, pois constituem uma conta em aberto, que tem que ser paga enquanto as respectivas legislações estiverem em vigor. Direitos coletivos, como a saúde, sim, demandam garantias, que deveriam associar vinculações

de receita federal à adoção de contrapartidas estaduais e municipais e a compromissos com resultados. Essas garantias poderiam ser objeto de lei complementar que definiria níveis mínimos e máximos a serem revistos a cada 10 anos e remeteria à lei do PPA a responsabilidade por estabelecer o percentual a ser efetivamente aplicado em cada período de governo, de modo a permitir que cada governante disponha de algum grau de liberdade para ajustar suas prioridades.

Com essas medidas:

- fica eliminado o efeito cremalheira afastando de forma definitiva o principal fator de engessamento do orçamento, sem a necessidade de prorrogação de medidas transitórias;
- fica possível angariar o apoio dos estados e municípios à aprovação das emendas constitucionais porque fica eliminado o principal foco de conflitos federativos, que se manifesta por meio do esvaziamento das bases dos fundos constitucionais – FPE e FPM;
- fica atendida a demanda por garantia de recursos para os programas sociais, com duas alterações importantes: institui-se uma regra de revisão periódica dessas vinculações para ajustá-la às dinâmicas demográfica e econômica; e associa-se a garantia de recursos ao compromisso com resultados, de modo a comprometer os agentes públicos com a melhoria da gestão;
- ficam restabelecidos na íntegra os princípios tributários que cuidam de proteger o contribuinte do arbítrio do Estado;
- fica aberto o campo para avanços mais rápidos na direção da modernização do sistema tributário, tendo em vista a adoção de um IVA federal (em substituição ao IPI e PIS/Cofins) e a fusão do IR com a CSLL.

Essas medidas seriam objeto de emenda constitucional, que conteria os dispositivos a seguir.

- Modifica o art. 195 da CF e a proposta de elaboração do OSS.
- Incorpora as contribuições sociais sobre a receita, o lucro e a movimentação financeira ao capítulo tributário.

- Regula o financiamento da previdência no capítulo próprio da Constituição.
- Retoma a proposta de uniformização do ICMS.
- Prevê a posterior revisão dos mecanismos de partilha de receitas tributárias na federação.
- Estabelece novas regras para viabilizar a plena desoneração das exportações e dos investimentos (compensação aos estados e desoneração dos tributos federais).
- Remete a uma lei complementar a competência para instituir as garantias financeiras de atendimento dos direitos sociais coletivos, a exemplo da saúde.
- Incorpora às disposições transitórias:
  a) a preservação por cinco anos das atuais contribuições para a seguridade como fonte exclusiva de receita da União;
  b) a prorrogação por igual período da CPMF;
  c) a substituição da atual vinculação de recursos federais à saúde por um percentual da receita dessas contribuições, baseado nos índices atuais, pelo prazo de vigência do novo PPA;
  d) a preservação por prazo igual ao previsto no item (a) dos percentuais da arrecadação do IPI e do IR aos fundos de participação (FPE e FPM) e aos fundos regionais do Norte, Nordeste e Centro-Oeste;
  e) a instituição do Conselho Nacional de Relações Intergovernamentais, com as atribuições de propor um novo modelo de federalismo fiscal e de operar como uma instância de mediação de conflitos federativos.

Referências bibliográficas

AFONSO, José Roberto; ARAÚJO, Erika. A carga tributária brasileira: evolução histórica e principais características. *Cadernos de Pesquisa*, Campinas, n. 55, jul. 2004a.

_____; _____. As muitas implicações das mudanças na cobrança da Cofins. *Carta Iedi*, São Paulo, n. 123, set. 2004b.

_____; _____. *A reforma tributária e da Cofins*: uma avaliação dos primeiros resultados. Rio de Janeiro, out. 2004c. ms.

_____; _____. Mais tributos com menos demanda pública: o (duro) ajuste fiscal brasileiro. In: SEMINÁRIO DE POLÍTICA FISCAL DA CEPAL. 17., 2005, Santiago. *Anais...* Santiago: Cepal, 2005a.

_____; _____. Contribuições sociais, mas antieconômicas. In: BIDERMAN, C.; ARVATE, P. (Orgs.). *Economia do setor público no Brasil*. Rio de Janeiro: Campus, 2005b.

_____; MEIRELLES, Beatriz. Carga tributária global no Brasil, 2000/2005: cálculos revisitados. *Cadernos de Pesquisa*, Campinas, n. 61, mar. 2006.

_____ et al. Tributação no Brasil: características marcantes e diretrizes para a reforma. *Revista do BNDES*, Rio de Janeiro, v. 5, n. 9, p. 25-50, jun. 1998a.

_____ et al. *Reforma tributária no plano constitucional*: uma proposta para o debate. Brasília: Ipea, nov. 1998b. Texto para Discussão n. 606.

_____ et al. A tributação brasileira e o novo ambiente econômico: a reforma tributária inevitável e urgente. *Revista do BNDES*, Rio de Janeiro, v. 7, n. 13, p. 137-170, jun. 2000.

_____ et al. *Carga tributária indireta no Brasil*: análise da incidência efetiva sobre as famílias. Washington: BID, 2004.

AMARO, Meriane Nunes. *O processo de reformulação da previdência social brasileira (1995-2004)*. Brasília: Consultoria Legislativa do Senado Federal, 2004. Texto para Discussão n. 3.

ARAUJO, Erika. *As contribuições sociais no Brasil pós CF/88* – contribuições ou forma disfarçada de cobrar impostos? Brasília: Cepal/Ipea, maio 2006. Disponível em: <www.cepal.cl/cgi-bin/getprod.asp?xml=/publicaciones/xml/6/24456/P24456.xml&xsl=/brasil/tpl/p9f.xsl&base=/brasil/tpl/top-bottom.xsl>.

ASSOCIAÇÃO NACIONAL DOS AUDITORES FISCAIS DA PREVIDÊNCIA SOCIAL. *Ajuste fiscal, setor externo e questão orçamentária*. 2001. Disponível em: <www.fundacaoanfip.org.br/pdfs/estudos1.zip>.

_____. *Reforma tributária e seguridade social*. 2003. Disponível em: <www.anfip.org.br/publicacoes/livros/pdf/livretoreformatributaria.pdf>.

_____. *Análise da seguridade social*. Disponível em: <http://www.anfip.org.br/noticias_index/docs-pdfs/analise2005.pdf>, <www.anfip.org.br/publicacoes/livros/pdf/analise2003.pdf>, <www.fundacaoanfip.org.br/seg_social.php>.

AZEREDO, Beatriz. *As contribuições sociais no projeto de Constituição*. Brasília: Ipea, 1987a. Texto para Discussão n. 124.

_____. *Um estudo sobre as contribuições sociais*. 1987b. Dissertação (Mestrado) – Instituto de Economia, Universidade Federal do Rio de Janeiro, Rio de Janeiro.

_____; REZENDE, Fernando; AFONSO, José Roberto. *A Constituinte e o desenvolvimento*. Brasília: Ipea, 1988. ms.

BANCO CENTRAL DO BRASIL. *Dívida líquida e necessidade de financiamento do setor público.* 1999. Disponível em: <www.bcb.gov.br/ftp/divliq/dividaliquida.pdf>.

_____. *Indicadores fiscais.* Série perguntas mais freqüentes n. 4. 2004. Disponível em: <www4.bcb.gov.br/pec/gci/port/focus/FAQ4-Indicadores%20Fiscais.pdf>.

BIASOTO, Geraldo. *Setor saúde*: constituição do SUS, financiamento federal, transferências e questões federativas. Campinas: Instituto de Economia/Unicamp, 2003. ms.

BRASIL. Constituição da República Federativa do Brasil. 1988. Disponível em: <www.interlegis.gov.br/processo_legislativo/20031022171519/view?page=HTTOC.HTM>.

_____. *Projeto de emenda constitucional nº 41/2003.* Brasília, abr. 2003.

CÂMARA DOS DEPUTADOS. *Proposta de emenda à Constituição 175-A, de 1995.* Substitutivo da Comissão Especial. Brasília: Câmara dos Deputados, mar. 2000a.

_____. *Emenda aglutinativa* – texto não votado do relator deputado Mussa Demes. Brasília: Câmara dos Deputados, mar. 2000b.

CASTRO, Jorge Abrahão et al. *Análise da evolução e dinâmica do gasto social federal:* 1995-2001. Brasília: Ipea, 2003. Texto para Discussão n. 988.

DELFIM NETTO, Antônio; GIAMBIAGI, Fábio. O Brasil precisa de uma agenda de consenso. *Boletim de Conjuntura Ipea*, Brasília, n. 71, dez. 2005.

FECOMÉRCIO (FEDERAÇÃO DO COMÉRCIO DO ESTADO DE SÃO PAULO). Simplificando o Brasil: tributação e gastos públicos. *Caderno Fecomércio de Economia*, São Paulo, n. 11, abr. 2006.

FERNANDES, Maria Alice et al. *Dimensionamento e acompanhamento do gasto social federal.* Brasília: Ipea, 1998a. Texto para Discussão n. 547.

_____; RIBEIRO, José; AQUINO, Luseni. *Gasto social das três esferas de governo* – 1995. Brasília: Ipea, 1998b. Texto para Discussão n. 598.

FUNDAP (FUNDAÇÃO DE DESENVOLVIMENTO ADMINISTRATIVO). *Tendências do gasto público em saúde, por esferas de governo*: resultados e limites metodológicos para a análise comparativa das décadas de 80 e 90. São Paulo: Fundap, 2001.

GIAMBIAGI, Fábio; ALEM, Ana Cláudia. *Finanças públicas*: teoria e prática no Brasil. 2. ed. Rio de Janeiro: Campus, 2000.

IBGE (INSTITUTO BRASILEIRO DE GEOGRAFIA E ESTATÍSTICA). *Sistema de contas nacionais do Brasil*. 2004. Disponível em: <www.ibge.gov.br/home/estatistica/economia/contasnacionais/2003/srmsicona.pdf>. (Relatórios metodológicos, n. 24.)

_____. *Sistema de contas nacionais do Brasil*. Disponível em: <www.ibge.gov.br/home/estatistica/economia/contasnacionais/2003/default.shtm>.

_____. *Finanças públicas do Brasil*. Disponível em: <www.ibge.gov.br/home/estatistica/economia/despesaspublicas/financaspublicas_2003/default.shtm>.

MANSUR, Marilia. *O financiamento federal da saúde no Brasil*: tendências da década de 1990. 2001. Dissertação (Mestrado) – Escola Nacional de Saúde Pública, Rio de Janeiro.

MINISTÉRIO DA FAZENDA. *Orçamento social da União em 2000*. 2002. Disponível em: <www.fazenda.gov.br/spe/Publicacoes2/ee/Documentos/Português/Orçamento%20S%20da%20União2000.pdf, 2002>.

_____. *Gasto social do governo central*: 2001 e 2002. 2003. Disponível em: <www.fazenda.gov.br/spe/publicacoes/gasto_social_do_governo_central_2001-2002.pdf>.

_____. *Orçamento social da União 2001-2004*. 2005. Disponível em: <www.fazenda.gov.br/portugues/releases/2005/OS200429abr.pdf>.

_____. *Ajuste fiscal* – programa de estabilidade fiscal (resumo). Disponível em: <www.fazenda.gov.br/portugues/ajuste/respef.asp>.

MINISTÉRIO DA PREVIDÊNCIA E ASSISTÊNCIA SOCIAL. *Livro branco da previdência social*. 2002. Disponível em: <www.mpas.gov.br/07_01.asp>.

MINISTÉRIO DA PREVIDÊNCIA SOCIAL. *Panorama da previdência social brasileira*. 2004. Disponível em: <www.previdenciasocial.gov.br/docs/panoramaPS.pdf>.

MPOG (MINISTÉRIO DO PLANEJAMENTO, ORÇAMENTO E GESTÃO). *Vinculações de receita dos orçamentos fiscal e da seguridade social e o poder discricionário de alocação de recursos do governo federal*. 2003. Disponível em: <www.planejamento.gov.br/arquivos_down/sof/Vinculacoes_Consolidado.pdf>.

MINISTÉRIO DA SAÚDE. *SUS*: 15 anos de implantação. 2003. Disponível em: <http://dtr2001.saude.gov.br/bvs/publicacoes/15anos_Folder20SUS.pdf>.

_____. *Balanço das ações do Ministério da Saúde em 2004*. 2004. Disponível em: <http://portal.saude.gov.br/portal/arquivos/pdf/saude_brasil_balanco_acoes.pdf>.

OLIVEIRA, Fabrício A. de; NAKATANI, Paulo. The Real Plan: price stability with indebtness. *International Journal of Policital Economy*, New York, v. 30, n. 4, p. 13-31, 2003.

PEREIRA, Thiago. *Mensurando a participação dos tributos indiretos vinculados ao financiamento da saúde na estrutura de gastos finais das famílias com consumo*. Rio de Janeiro, 2003. ms.

_____; IKEDA, Marcelo. *Custo Brasil* – mensurando a cumulatividade das contribuições: uma proposta metodológica. Rio de Janeiro: BNDES, 2001. Informe n. 27.

PIANCASTELLI, Marcelo; CAMILLO, Ronaldo. *Redistribuição do gasto público em democracias federativas*: análise do caso brasileiro. Brasília: Ipea, 2003. Texto para Discussão n. 1.001.

PRADO, Sérgio; QUADROS, Waldemir; CAVALCANTI, Carlos Eduardo. *Partilha de recursos na federação brasileira*. São Paulo: Fundap/Ipea, 2003.

REZENDE, Fernando (Coord.). *Proposta de reforma do sistema tributário brasileiro*. Brasília: Ipea, 1987. Texto para Discussão n. 104.

_____. A reforma fiscal e a retomada do crescimento. In: CONGRESSO DA INDÚSTRIA DA FIESP. *Anais*... São Paulo, 2006.

_____; AFONSO, José Roberto. *A reforma fiscal no processo de elaboração da nova Constituição*. Brasília: Ipea, 1987. Texto para Discussão n. 121.

_____; AZEREDO, Beatriz. *Contribuições sociais*. Brasília: Ipea, 1987. Texto para Discussão n. 107.

_____; _____. *Fundos sociais*. Brasília: Ipea, jan. 1986. Texto para Discussão n. 85.

SCHWARZER, Helmut; QUERINO, Ana Carolina. *Benefícios sociais e pobreza*: programas não contributivos da seguridade social brasileira. Brasília: Ipea, 2002. Texto para Discussão n. 929.

SENADO FEDERAL. *Planos e orçamentos públicos*: conceitos, elementos básicos e resumo dos projetos de leis do plano plurianual/2004-2007 e do orçamento/ 2004. Brasília, 2004.

SERRA, José; AFONSO, José Roberto. Federalismo fiscal à brasileira: algumas reflexões. *Revista do BNDES,* Rio de Janeiro, v. 6, n. 12, p. 3-30, dez. 1999.

SRF (SECRETARIA DA RECEITA FEDERAL). *Análise da arrecadação das receitas federais*. Disponível em: <www.receita.fazenda.gov.br/Historico/Arrecadacao/ResultadoArrec/default.htm>.

_____. *Carga tributária no Brasil*. Disponível em: <www.receita.fazenda.gov.br/Historico/Arrecadacao/Carga_Fiscal/default.htm>.

_____. *Perfil do declarante do IRPJ – 2003*. Disponível em: <www.receita.fazenda.gov.br/publico/EstudoTributario/ConsolidacaoDIPJ/Consolidação%20DIPJ%202003.pdf>. 2004.

_____. *Principais fatos que influenciaram a arrecadação dos impostos e contribuições federais administrados pela SRF (1990 a 2001)*. Disponível em: <www.receita.fazenda.gov.br/Historico/Arrecadacao/Tributos/analise.htm>.

TAVARES, Martus. *Política fiscal no Brasil*: fundamentos, implementação e consolidação de um novo regime. 2004. Disponível em: <www.pralmeida.org/04Temas/04AcademiaDiplom/10Diplomacia/MateriaisDiversos/02PolFiscalBrMartusTavares.doc>.

VARGAS, Neide. *Estados no Brasil e o controle fiscal e financeiro pela União no pós-real*. Tese (Doutorado) – Instituto de Economia, Universidade de Campinas, Campinas. 2006

VARSANO, Ricardo. *Tributação de mercadorias e serviços*. Brasília: Ipea, 1987a. Texto para Discussão n. 106.

_____. *Avaliação do sistema tributário proposto no projeto de Constituição*. Brasília: Ipea, 1987b. Texto para Discussão n. 122.

_____. *A tributação do comércio interestadual*: ICMS atual versus ICMS partilhado. Brasília: Ipea, 1995. Texto para Discussão n. 382.

_____. *A evolução do sistema tributário brasileiro ao longo do século*: anotações e reflexões para futuras reformas. Brasília: Ipea, 1996. Texto para Discussão n. 405.

_____. *A guerra fiscal do ICMS*: quem ganha e quem perde. Brasília: Ipea, 1997. Texto para Discussão n. 500.

_____. *Subnational taxation and treatment of interstate trade in Brazil*: problems and a proposed solution. In: ABCD-LAC CONFERENCE. *Anales...* Valdivia, Chile, 1999.

_____. Por uma reforma tributária modelo 2004. *Boletim de Conjuntura Ipea*, Brasília, n. 62, set. 2003a.

_____. *Financiamento do regime geral de previdência social no contexto do processo de reforma tributária em curso*. Brasília: Ipea, 2003b. Texto para Discussão n. 959.

_____ et al. *Uma análise da carga tributária do Brasil*. Brasília: Ipea, 1998. Texto para Discussão n. 583.

_____ et al. *Substituindo o PIS e a Cofins – e por que não a CPMF? – por uma contribuição social não-cumulativa*. Brasília: Ipea, 2001. Texto para Discussão n. 832.

VIANNA, Maria Lúcia Werneck. *Programas não-contributivos da seguridade social no Brasil*. 2002. Disponível em: <http://idpm.man.ac.uk/ncpps/Papers/WorkingPaper1.pdf >.

_____. *Seguridade social e combate à pobreza no Brasil*: o papel dos benefícios não-contributivos. 2004. Disponível em: <www.enap.gov.br/downloads/ec43ea4fSeguridade.pdf>.

Anexo estatístico

Tabela A1
Evolução da carga tributária global – 1947-2005
(% do PIB)

Ano	Carga	Ano	Carga	Ano	Carga	Ano	Carga
1947	13,84	1962	15,76	1977	25,55	1992	25,01
1948	14,03	1963	16,05	1978	25,70	1993	25,78
1949	14,39	1964	17,02	1979	24,66	1994	29,75
1950	14,42	1965	18,99	1980	24,52	1995	29,41
1951	15,74	1966	20,95	1981	25,25	1996	29,09
1952	15,41	1967	20,47	1982	26,34	1997	29,56
1953	15,20	1968	23,29	1983	26,97	1998	29,64
1954	15,82	1969	24,87	1984	24,34	1999	31,71
1955	15,05	1970	25,98	1985	24,06	2000	33,36
1956	16,42	1971	25,26	1986	26,19	2001	35,12
1957	16,66	1972	26,01	1987	23,77	2002	36,63
1958	18,70	1973	25,05	1988	22,43	2003	35,85
1959	17,86	1974	25,05	1989	24,13	2004	37,03
1960	17,41	1975	25,22	1990	28,78	2005*	38,94
1961	16,38	1976	25,14	1991	25,24		

Fontes: Séries produzidas no âmbito da extinta Secretaria para Assuntos Fiscais do BNDES e Afonso e Meirelles (2006).
* Estimativa preliminar.

Tabela A2
Carga tributária internacional – países selecionados (% do PIB)

Países		Ano	Carga tributária total	Bens e serviços	Renda, lucros e ganhos	Propriedade	Contribuições sociais sobre salários	Outros
Países industrializados	Suécia	2003	51,35	13,09	18,49	1,54	15,10	3,13
	Dinamarca	2004	49,85	16,10	29,59	1,85	2,10	0,21
	Bélgica	2003	46,85	10,91	16,35	2,98	16,48	0,13
	França	2004	45,04	11,14	10,20	4,43	18,09	1,18
	Noruega	2004	44,85	13,07	20,82	1,15	9,70	0,11
	Finlândia	2004	44,24	13,91	17,09	1,14	12,07	0,03
	Áustria	2003	43,96	12,29	12,71	0,54	16,26	2,16
	Itália	2003	42,82	12,97	13,32	1,51	13,15	1,87
	Alemanha	2004	39,76	10,15	10,96	0,81	17,84	0,00
	Holanda	2004	38,30	12,06	9,11	1,78	15,02	0,33
	Reino Unido	2004	37,25	13,39	13,44	1,76	8,24	0,42
	Portugal	2002	36,85	13,98	9,35	0,55	12,18	0,79
	Canadá	2004	34,47	8,54	15,86	3,55	5,48	1,04
	Espanha	2003	34,23	9,24	9,54	2,67	12,78	0,00
	Nova Zelândia	2004	32,64	10,55	19,09	1,89	0,08	1,03
	Austrália	2004	30,68	8,45	16,97	2,91	0,00	2,35
	Suíça	2002	30,09	6,56	12,99	2,59	7,71	0,24
	Japão	2003	26,28	0,00	6,89	0,00	10,41	8,98
	EUA	2004	25,77	4,47	11,03	3,06	7,01	0,20
Países em desenvolvimento	Croácia	2004	41,47	20,08	5,87	0,35	14,23	0,94
	Hungria	2003	39,33	15,19	9,42	0,83	12,55	1,34
	Israel	2004	38,97	13,18	12,87	3,09	7,51	2,32
	Polônia	2003	34,20	12,03	6,19	1,38	14,14	0,46
	Bulgária	2004	34,16	15,76	5,75	1,13	10,73	0,79
	Mongólia	2003	32,63	15,41	7,16	0,93	6,67	2,46
	Eslováquia	2003	32,24	10,70	6,72	0,44	14,04	0,34
	Rússia	2004	31,22	8,16	9,05	1,27	7,55	5,19
	Ucrânia	2004	30,36	7,39	8,87	0,45	11,88	1,77
	África do Sul	2004	28,48	10,17	14,23	1,80	0,68	1,60
	Romênia	2002	28,12	10,72	5,19	0,69	10,85	0,67
	Argentina	2004	25,93	10,97	5,18	2,64	3,01	4,13
	Costa Rica	2003	21,19	8,84	3,34	0,62	7,33	1,06
	Bolívia	2004	20,80	10,99	2,12	3,33	1,92	2,44
	Vietnã	2003	20,72	8,58	8,21	0,42	0,00	3,51
	Chile	2004	18,72	10,94	4,09	0,63	1,44	1,62
	Tailândia	2004	18,13	8,82	6,20	0,44	0,94	1,73
	Peru	2004	15,19	8,90	4,03	0,22	1,60	0,44
	El Salvador	2004	13,49	6,46	3,32	0,10	2,26	1,35
	Cingapura	2004	12,49	4,78	5,57	1,14	0,00	1,00
	Irã	2004	11,25	1,02	2,69	0,29	3,77	3,48
Brasil		2005*	38,94	19,50	7,88	1,22	8,65	1,69
Países industrializados		Média	38,70	10,57	14,41	1,93	10,51	1,27
Países em desenvolvimento		Média	26,15	10,43	6,48	1,06	6,34	1,84

Fonte: Afonso e Meirelles (2006).
* Estimativa preliminar.
Nota: A distribuição da carga tributária brasileira por base de incidência foi efetuada de modo a torná-la compatível com os padrões internacionais. Outra forma de distribuição poderá ser considerada em outras partes do livro.

Tabela A3
Carga tributária global e IDH – países selecionados

Países		Carga tributária total (% do PIB)	IDH
Países industrializados	Suécia	51,35	0,949
	Dinamarca	49,85	0,941
	Bélgica	46,85	0,945
	França	45,04	0,938
	Noruega	44,85	0,963
	Finlândia	44,24	0,941
	Áustria	43,96	0,936
	Itália	42,82	0,934
	Alemanha	39,76	0,93
	Holanda	38,30	0,943
	Reino Unido	37,25	0,939
	Portugal	36,85	0,904
	Canadá	34,47	0,949
	Espanha	34,23	0,928
	Nova Zelândia	32,64	0,933
	Austrália	30,68	0,955
	Suíça	30,09	0,947
	Japão	26,28	0,943
	EUA	25,77	0,944
Países em desenvolvimento	Croácia	41,47	0,841
	Hungria	39,33	0,862
	Israel	38,97	0,915
	Polônia	34,20	0,858
	Bulgária	34,16	0,808
	Mongólia	32,63	0,679
	Eslováquia	32,24	0,849
	Rússia	31,22	0,795
	Ucrânia	30,36	0,766
	África do Sul	28,48	0,658
	Romênia	28,12	0,792
	Argentina	25,93	0,863
	Costa Rica	21,19	0,838
	Bolívia	20,80	0,687
	Vietnã	20,72	0,704
	Chile	18,72	0,854
	Tailândia	18,13	0,778
	Peru	15,19	0,762
	El Salvador	13,49	0,722
	Cingapura	12,49	0,907
	Irã	11,25	0,736
Brasil		**38,94**	**0,792**
Países industrializados		38,70	0,940
Países em desenvolvimento		26,15	0,794

Fontes: Tabela A2 e Pnud para IDH (2003).

Tabela A4
Resultado primário do setor público – 1995-2005 (% do PIB)

Ano	Total	União	Estados*	Municípios	Empresas estatais
1995	0,27	0,52	−0,18		−0,07
1996	−0,09	0,37	−0,54		0,08
1997	−0,95	−0,27	−0,74		0,06
1998	0,01	0,55	−0,41	0,22	−0,35
1999	3,19	2,33	0,16	0,05	0,65
2000	3,46	1,86	0,42	0,13	1,06
2001	3,64	1,83	0,60	0,27	0,93
2002	3,89	2,37	0,64	0,15	0,73
2003	4,25	2,49	0,77	0,12	0,87
2004	4,59	2,97	0,91	0,08	0,64
2005	4,83	2,88	0,89	0,21	0,85

Fonte: Bacen.
* Até 1997, os resultados estaduais e municipais eram divulgados em conjunto.
(+) superávit, (−) déficit.

Tabela A5
Ajuste fiscal do governo federal – 1995-2005 (em % do PIB)

		1995	1996	1997	1998	1999	2000	2001	2002	2003	2004	2005
A = B – C	Resultado primário	0,52	0,37	-0,27	0,55	2,33	1,86	1,83	2,37	2,49	2,97	2,88
B = B1 +...+ B3	Receitas	19,23	19,75	19,81	21,56	22,04	22,64	23,99	25,12	24,19	25,07	25,90
B1	Impostos	8,13	6,82	6,67	7,32	7,69	7,02	7,52	7,89	7,27	7,14	7,83
B2 = B2.1 +... + B2.5	Contribuições sociais	9,14	9,10	9,61	9,43	10,79	11,52	12,13	12,27	12,34	13,34	13,85
B2.1	PIS/Pasep	0,91	0,92	0,83	0,77	0,99	0,86	0,93	0,93	1,06	1,09	1,10
B2.2	Cofins	2,43	2,21	2,09	1,94	3,21	3,51	3,81	3,78	3,70	4,38	4,47
B2.3	CSLL	0,91	0,79	0,83	0,71	0,70	0,79	0,75	0,92	1,01	1,09	1,29
B2.4	CPMF			0,79	0,89	0,83	1,31	1,43	1,51	1,48	1,49	1,50
B2.5	Contribuições ao INSS	4,89	5,18	5,07	5,10	5,06	5,06	5,21	5,14	5,10	5,28	5,50
B3	Não-classificadas	1,96	3,83	3,53	4,82	3,56	4,09	4,34	4,96	4,58	4,59	4,21
C = C1 +... + C5	Despesas	18,72	19,37	20,08	21,01	19,71	20,78	22,15	22,75	21,70	22,10	23,02
C1	Pessoal e encargos sociais	5,86	5,25	5,11	5,24	5,30	5,29	5,46	5,57	5,07	5,06	4,85
C2	Benefícios previdenciários	5,04	5,33	5,33	5,85	5,97	5,88	6,24	6,51	6,97	6,96	7,35
C3 = C3.1 +... + C3.7	Transferências para estados e municípios	3,35	3,30	3,44	4,10	4,30	4,68	4,99	5,47	5,15	5,23	6,07
C3.1	FPE + FPM	2,45	2,30	2,31	2,15	2,25	2,27	2,45	2,70	2,43	2,36	2,69
C3.2	FPEx + Lei Kandir	0,21	0,27	0,29	0,34	0,46	0,43	0,39	0,37	0,31	0,27	0,26
C3.3	Cide										0,06	0,09
C3.4	Royalties	0,04	0,04	0,06	0,07	0,13	0,21	0,26	0,32	0,38	0,40	0,45
C3.5	Fundef				0,49	0,56	0,52	0,54	0,57	0,50	0,49	0,54
C3.6	SUS			0,28	0,51	0,61	0,75	0,83	0,89	0,94	1,09	1,16
C3.7	Outras	0,66	0,69	0,50	0,54	0,29	0,50	0,52	0,62	0,59	0,56	0,88
C4	Investimentos	0,73	0,74	0,87	0,91	0,71	0,92	1,22	0,75	0,41	0,62	0,89
C5	Não-classificadas	3,73	4,76	5,33	4,90	3,43	4,02	4,24	4,45	4,09	4,24	3,84
	Memória de cálculo (IBGE)											
	PIB – R$ bilhões correntes	646,2	778,9	870,7	914,2	973,8	1.101,3	1.198,7	1.346,0	1.556,2	1.766,6	1.937,6

Notas metodológicas (as letras correspondem às rubricas listadas na tabela).
Item A = Valores positivos (superávit); valores negativos (déficit).
Itens B1 e B2 = Séries produzidas no âmbito da extinta Secretaria para Assuntos Fiscais do BNDES e por Afonso e Meirelles (2006).
Item B1 = Inclui IR, IPI, IOF, II, ITR e outros impostos não-classificados.
Item B3 = Inclui receitas tributárias não classificadas nos demais itens e outras receitas (correntes e de capital) não-financeiras. Ajustadas para resultado "abaixo da linha".
Itens C1, C2, C3 e C4 = Valores extraídos da Execução Orçamentária da União (ver STN – despesas da União por grupo de natureza).
Itens C3.1 a C3.3 e C3.5 = Valores informados pela STN (transferências constitucionais para estados e municípios).
Item C3.4 = Informado pela Aneel e ANP. Até 1996, inclui apenas royalties decorrentes da exploração de recursos hídricos. A partir de 1997 também foram computados royalties relativos à exploração de petróleo.
Item C3.6 = Informado pela STN (não disponível na internet).
Item C3.7 = Calculado por resíduo (C3.6 = C3 – C3.1 – C3.2 – C3.3 – C3.4 – C3.5 – C3.6).
Item C5 = Inclui demais despesas correntes e de capital não-financeiras. Ajustadas para resultado "abaixo da linha".

Tabela A6
Ajuste fiscal do governo federal – 1995-2005 (R$ bilhões a preços médios de 2005 – deflator implícito do PIB)

		1995	1996	1997	1998	1999	2000	2001	2002	2003	2004	2005
A = B - C	**Resultado primário**	8,0	6,0	-4,5	9,1	38,8	32,3	32,3	42,6	44,9	56,2	55,7
B = B1 +...+ B3	**Receitas**	299,5	315,7	327,0	356,5	367,2	393,7	422,5	451,1	436,8	474,9	501,8
B1	Impostos	126,6	109,0	110,1	121,0	128,1	122,1	132,4	141,6	131,2	135,2	151,8
B2 = B2.1 +...+ B2.5	Contribuições sociais	142,4	145,5	158,6	155,8	179,8	200,4	213,7	220,4	222,8	252,6	268,4
B2.1	PIS/Pasep	14,2	14,6	13,7	12,8	16,4	15,0	16,4	16,6	19,1	20,7	21,3
B2.2	Cofins	37,9	35,3	34,5	32,1	53,5	61,0	67,1	67,8	66,7	82,9	86,5
B2.3	CSLL	14,1	12,7	13,6	11,8	11,7	13,7	13,2	16,5	18,2	20,7	24,9
B2.4	CPMF			13,1	14,7	13,8	22,7	25,2	27,0	26,7	28,3	29,0
B2.5	Contribuições ao INSS	76,2	82,9	83,7	84,4	84,3	88,0	91,7	92,4	92,1	100,1	106,7
B3	Não-classificadas	30,5	61,3	58,3	79,7	59,3	71,2	76,4	89,1	82,7	87,0	81,5
C = C1 +...+ C5	**Despesas**	291,5	309,7	331,5	347,4	328,5	361,4	390,1	408,5	391,8	418,7	446,0
C1	Pessoal e encargos sociais	91,3	83,9	84,4	86,7	88,2	92,0	96,2	100,1	91,6	95,9	94,1
C2	Benefícios previdenciários	78,5	85,2	88,1	96,8	99,5	102,2	110,0	116,8	125,8	131,9	142,5
C3 = C3.1 +...+ C3.7	Transferências para estados e municípios	52,1	52,7	56,8	67,8	71,7	81,4	87,9	98,1	93,0	99,0	117,7
C3.1	FPE + FPM	38,1	36,7	38,1	35,6	37,5	39,5	43,1	48,5	43,9	44,7	52,1
C3.2	FPEx + Lei Kandir	3,2	4,2	4,8	5,6	7,6	7,5	6,8	6,6	5,6	5,1	5,0
C3.3	Cide										1,2	1,8
C3.4	Royalties	0,6	0,7	1,1	1,2	2,1	3,7	4,6	5,7	6,8	7,6	8,8
C3.5	Fundef				8,1	9,4	9,1	9,5	10,2	9,1	9,3	10,4
C3.6	SUS			4,7	8,4	10,2	13,0	14,7	16,0	16,9	20,6	22,6
C3.7	Outras	10,2	11,1	8,2	8,9	4,9	8,7	9,2	11,1	10,7	10,6	17,1
C4	Investimentos	11,4	11,8	14,3	15,0	11,9	15,9	21,4	13,5	7,5	11,7	17,3
C5	Não-classificadas	58,1	76,1	87,9	81,1	57,1	69,9	74,7	80,0	73,8	80,2	74,4
	Memória de cálculo (IBGE)											
	Deflator implícito do PIB (DI)	2,4	2,1	1,9	1,8	1,7	1,6	1,5	1,3	1,2	1,1	1,0

Notas metodológicas (as letras correspondem às rubricas listadas na tabela).
Item A = Valores positivos (superávit); valores negativos (déficit).
Itens B1 e B2 = Séries produzidas no âmbito da extinta Secretaria para Assuntos Fiscais do BNDES e por Afonso e Meirelles (2006).
Item B1 = Inclui IR, IPI, IOF, II, ITR e outros impostos não-classificados.
Item B3 = Inclui receitas tributárias não classificadas nos demais itens e outras receitas (correntes e de capital) não-financeiras. Ajustadas para resultado "abaixo da linha".
Itens C1, C2, C3 e C4 = Valores extraídos da Execução Orçamentária da União (ver STN – despesas da União por grupo de natureza).
Itens C3.1 a C3.3 e C3.5 = Valores informados pela STN (transferências constitucionais para estados e municípios).
Item C3.4 = Informado pela Aneel e ANP. Até 1996, inclui apenas *royalties* decorrentes da exploração de recursos hídricos. A partir de 1997 também foram computados *royalties* relativos à exploração de petróleo.
Item C3.6 = Informado pela STN (não disponível na internet).
Item C3.7 = Calculado por resíduo (C3.6 = C3 – C3.1 – C3.2 – C3.3 – C3.4 – C3.5 – C3.6).
Item C5 = Inclui demais despesas correntes e de capital não-financeiras. Ajustadas para resultado "abaixo da linha".

Tabela A7
Ajuste fiscal do governo federal – 1995-2005 (% do PIB)

		1995	1996	1997	1998	1999	2000	2001	2002	2003	2004	2005
A = B – C	Resultado primário	0,52	0,37	-0,27	0,55	2,33	1,86	1,83	2,37	2,49	2,97	2,88
B = B1 +...+ B3	Receitas	19,23	19,75	19,81	21,56	22,04	22,64	23,99	25,12	24,19	25,07	25,90
B1	Impostos	8,13	6,82	6,67	7,32	7,69	7,02	7,52	7,89	7,27	7,14	7,83
B2 = B2.1 +...+ B2.5	Contribuições sociais	9,14	9,10	9,61	9,43	10,79	11,52	12,13	12,27	12,34	13,34	13,85
B2.1	PIS/Pasep	0,91	0,92	0,83	0,77	0,99	0,86	0,93	0,93	1,06	1,09	1,10
B2.2	Cofins	2,43	2,21	2,09	1,94	3,21	3,51	3,81	3,78	3,70	4,38	4,47
B2.3	CSLL	0,91	0,79	0,83	0,71	0,70	0,79	0,75	0,92	1,01	1,09	1,29
B2.4	CPMF			0,79	0,89	0,83	1,31	1,43	1,51	1,48	1,49	1,50
B2.5	Contribuições ao INSS	4,89	5,18	5,07	5,10	5,06	5,06	5,21	5,14	5,10	5,28	5,50
B3	Não-classificadas	1,96	3,83	3,53	4,82	3,56	4,09	4,34	4,96	4,58	4,59	4,21
C = C1 +...+ C5	Despesas por área de atuação	18,72	19,37	20,08	21,01	19,71	20,78	22,15	22,75	21,70	22,10	23,02
C1 = C1.1 + C1.2	Previdência social	7,48	7,59	7,55	8,09	8,44	8,46	8,98	9,14	9,39	9,51	9,92
C1.1	Benefícios previdenciários + RMV	5,09	5,36	5,29	5,70	5,97	6,06	6,42	6,56	7,06	7,24	7,67
C1.2	Pessoal inativo da União	2,39	2,23	2,26	2,40	2,47	2,40	2,55	2,58	2,33	2,27	2,25
C2	Loas + Bolsa Escola	0,12	0,16	0,24	0,34	0,39	0,27	0,31	0,36	0,41	0,68	0,72
C3	Programa de saúde	2,12	1,75	1,80	1,69	1,86	1,82	1,95	1,87	1,72	1,84	1,86
C4	Seguro-desemprego e abono	0,51	0,49	0,46	0,51	0,46	0,43	0,48	0,53	0,54	0,54	0,59
C5	Demais despesas	8,48	9,37	10,03	10,39	8,56	9,80	10,43	10,86	9,63	9,53	9,93
Memória de cálculo (IBGE)												
	PIB R$ bilhões correntes	646,2	778,9	870,7	914,2	973,8	1.101,3	1.198,7	1.346,0	1.556,2	1.766,6	1.937,6

Notas metodológicas (as letras correspondem às rubricas listadas na tabela).
Item A = Valores positivos (superávit); valores negativos (déficit).
Itens B1 e B2 = Séries produzidas no âmbito da extinta Secretaria para Assuntos Fiscais do BNDES e por Afonso e Meirelles (2006).
Item B1 = Inclui IR, IPI, IOF, II, ITR e outros impostos não-classificados.
Item B3 = Inclui receitas tributárias não classificadas nos demais itens e outras receitas (correntes e de capital) não-financeiras. Ajustadas para resultado "abaixo da linha".
Itens C1 a C4 = Fonte MPOG (Evolução das despesas sociais por função – www.planejamento.gov.br/arquivos_down/sof/estatistica/evolucao_desp_funcao.pdf).
Item C5 = Inclui demais despesas não-financeiras por área de atuação. Ajustadas para resultado "abaixo da linha".

Tabela A8
Ajuste fiscal do governo federal – 1995-2005 (R$ bilhões a preços médios de 2005 – deflator implícito do PIB)

		1995	1996	1997	1998	1999	2000	2001	2002	2003	2004	2005
A = B - C	Resultado primário	8,0	6,0	-4,5	9,1	38,8	32,3	32,3	42,6	44,9	56,2	55,7
B = B1 +...+ B3	Receitas	299,5	315,7	327,0	356,5	367,2	393,7	422,5	451,1	436,8	474,9	501,8
B1	Impostos	126,6	109,0	110,1	121,0	128,1	122,1	132,4	141,6	131,2	135,2	151,8
B2 = B2.1 +...+ B2.5	Contribuições sociais	142,4	145,5	158,6	155,8	179,8	200,4	213,7	220,4	222,8	252,6	268,4
B2.1	PIS/Pasep	14,2	14,6	13,7	12,8	16,4	15,0	16,4	16,6	19,1	20,7	21,3
B2.2	Cofins	37,9	35,3	34,5	32,1	53,5	61,0	67,1	67,8	66,7	82,9	86,5
B2.3	CSLL	14,1	12,7	13,6	11,8	11,7	13,7	13,2	16,5	18,2	20,7	24,9
B2.4	CPMF			13,1	14,7	13,8	22,7	25,2	27,0	26,7	28,3	29,0
B2.5	Contribuições ao INSS	76,2	82,9	83,7	84,4	84,3	88,0	91,7	92,4	92,1	100,1	106,7
B3	Não-classificadas	30,5	61,3	58,3	79,7	59,3	71,2	76,4	89,1	82,7	87,0	81,5
C = C1 +...+ C5	Despesas por área de atuação	291,5	309,7	331,5	347,4	328,5	361,4	390,2	408,5	391,8	418,7	446,0
C1 = C1.1 + C1.2	Previdência social	116,6	121,4	124,7	133,8	140,7	147,1	158,2	164,1	169,5	180,2	192,2
C1.1	Benefícios previdenciários + RMV	79,3	85,7	87,3	94,2	99,5	105,4	113,2	117,8	127,4	137,1	148,6
C1.2	Pessoal inativo da União	37,2	35,7	37,3	39,6	41,2	41,8	45,0	46,3	42,1	43,1	43,6
C2	Loas + Bolsa Escola	1,9	2,6	4,0	5,6	6,6	4,6	5,4	6,4	7,5	12,9	14,0
C3	Programa de saúde	33,0	28,0	29,7	27,9	30,9	31,7	34,4	33,5	31,1	34,9	36,1
C4	Seguro-desemprego e abono	7,9	7,9	7,5	8,4	7,7	7,5	8,5	9,5	9,8	10,2	11,4
C5	Demais despesas	132,1	149,8	165,5	171,7	142,5	170,4	183,8	195,0	173,9	180,6	192,3
	Memória de cálculo (IBGE)											
	Deflator implícito do PIB (DI)	2,4	2,1	1,9	1,8	1,7	1,6	1,5	1,3	1,2	1,1	1,0

Notas metodológicas (as letras correspondem às rubricas listadas na tabela).
Item A = Valores positivos (superávit); valores negativos (déficit).
Item B1 e B2 = Séries produzidas no âmbito da extinta Secretaria para Assuntos Fiscais do BNDES e por Afonso e Meirelles (2006).
Item B1 = Inclui IR, IPI, IOF, II, ITR e outros impostos não-classificados.
Item B3 = Inclui receitas tributárias não classificadas nos demais itens e outras receitas (correntes e de capital) não-financeiras. Ajustadas para resultado "abaixo da linha".
Itens C1 a C4 = Fonte MPOG (Evolução das despesas sociais por função – www.planejamento.gov.br/arquivos_down/sof/estatistica/evolucao_desp_funcao.pdf).
Item C5 = Inclui demais despesas não-financeiras por área de atuação. Ajustadas para resultado "abaixo da linha".

Tabela A9
Carga tributária global por principais bases de incidência – 1988-2005 (% do PIB)

	1988	1989	1990	1991	1992	1993	1994	1995	1996	1997	1998	1999	2000	2001	2002	2003	2004	2005*
Total	22,43	24,13	28,78	25,24	25,01	25,78	29,75	29,41	29,09	29,56	29,64	31,71	33,36	35,12	36,63	35,85	37,03	38,94
Comércio exterior	0,43	0,43	0,39	0,42	0,40	0,45	0,52	0,76	0,54	0,58	0,71	0,81	0,77	0,76	0,59	0,52	0,52	0,46
II	0,43	0,43	0,39	0,42	0,40	0,45	0,52	0,76	0,54	0,58	0,71	0,81	0,77	0,76	0,54	0,52	0,52	0,46
Bens e serviços	10,09	11,00	14,06	12,54	11,85	12,24	15,35	13,73	13,21	13,40	12,99	14,83	15,63	16,37	16,16	15,81	16,85	17,25
ICMS	5,34	6,41	7,24	6,76	6,42	6,04	7,33	7,30	7,25	6,85	6,67	7,08	7,47	7,69	7,65	7,53	7,73	7,92
IPI	2,17	2,21	2,40	2,14	2,32	2,44	2,22	2,07	1,93	1,86	1,73	1,65	1,59	1,57	1,37	1,15	1,19	1,24
Cofins	0,77	1,10	1,54	1,55	1,00	1,37	2,56	2,43	2,21	2,09	1,94	3,21	3,51	3,81	3,78	3,70	4,38	4,47
PIS/Pasep	0,59	0,65	1,14	1,05	1,08	1,16	1,07	0,91	0,92	0,83	0,77	0,99	0,86	0,93	0,93	1,06	1,09	1,10
IPMF/CPMF						0,07	1,06			0,79	0,89	0,83	1,31	1,43	1,51	1,48	1,49	1,50
IOF	0,35	0,16	1,30	0,59	0,62	0,80	0,69	0,50	0,36	0,43	0,39	0,51	0,28	0,30	0,30	0,28	0,30	0,31
ISS	0,33	0,33	0,43	0,44	0,41	0,35	0,43	0,51	0,54	0,55	0,60	0,56	0,61	0,65	0,63	0,62	0,67	0,73
Impostos únicos	0,54	0,14	0,02	0,02	0,00													
Patrimônio	0,21	0,12	0,27	0,53	0,36	0,27	0,39	0,80	0,86	0,95	0,97	0,96	1,01	1,02	1,04	1,02	1,04	1,07
IPTU	0,14	0,07	0,18	0,37	0,22	0,15	0,21	0,41	0,43	0,41	0,46	0,47	0,50	0,49	0,51	0,51	0,52	0,52
IPVA	0,06	0,05	0,09	0,15	0,13	0,11	0,18	0,37	0,40	0,52	0,49	0,47	0,48	0,52	0,52	0,49	0,50	0,54
ITR	0,01	0,00	0,00	0,02	0,00	0,01	0,00	0,02	0,03	0,03	0,03	0,03	0,02	0,02	0,01	0,01	0,01	0,01
Renda	4,67	5,16	5,67	4,17	4,91	4,64	4,79	5,69	4,75	4,59	5,18	5,40	5,65	6,10	6,94	6,76	6,65	7,55
IR	4,67	4,94	5,13	3,90	4,18	3,85	3,83	4,78	3,96	3,77	4,47	4,69	4,86	5,36	6,02	5,75	5,56	6,26
CSLL		0,21	0,54	0,28	0,73	0,79	0,97	0,91	0,79	0,83	0,71	0,70	0,79	0,75	0,92	1,01	1,09	1,29
Folha salarial	5,29	6,04	6,56	5,66	5,69	6,44	6,59	6,41	6,68	6,55	6,94	6,88	6,76	6,97	6,81	6,70	6,88	7,17
Previdência social[1]	4,40	4,63	5,11	4,37	4,41	5,19	4,82	4,89	5,18	5,07	5,10	5,06	5,06	5,21	5,14	5,10	5,28	5,50
FGTS	0,89	1,41	1,46	1,29	1,28	1,25	1,78	1,51	1,50	1,48	1,84	1,82	1,70	1,76	1,66	1,60	1,60	1,66
Demais[2]	1,74	1,38	1,82	1,91	1,80	1,74	2,09	2,03	3,05	3,47	2,84	2,83	3,55	3,89	5,10	5,03	5,09	5,44

Fontes: Séries produzidas no âmbito da extinta Secretaria para Assuntos Fiscais do BNDES e Afonso e Meirelles (2006).
* Estimativa preliminar.
[1] Inclui apenas as contribuições para o regime geral de previdência (INSS).
[2] A linha "Demais" inclui tributos não-classificáveis nos grupamentos considerados e/ou de pequena importância na arrecadação.

Tabela A10
Carga tributária global por principais bases de incidência – 1988-2005 (em % da receita total)

	1988	1989	1990	1991	1992	1993	1994	1995	1996	1997	1998	1999	2000	2001	2002	2003	2004	2005*
Total	100,0	100,0	100,0	100,0	100,0	100,0	100,0	100,0	100,0	100,0	100,0	100,0	100,0	100,0	100,0	100,0	100,0	100,0
Comércio exterior	1,9	1,8	1,3	1,6	1,6	1,7	1,7	2,6	1,9	2,0	2,4	2,6	2,3	2,2	1,6	1,5	1,4	1,2
II	1,9	1,8	1,3	1,6	1,6	1,7	1,7	2,6	1,8	2,0	2,4	2,6	2,3	2,2	1,6	1,5	1,4	1,2
Bens e serviços	45,0	45,6	48,9	49,7	47,4	47,5	51,6	46,7	45,4	45,3	43,8	46,8	46,9	46,6	44,1	44,1	45,5	44,3
ICMS	23,8	26,6	25,1	26,8	25,7	23,4	24,6	24,8	24,9	23,2	22,5	22,3	22,4	21,9	20,9	21,0	20,9	20,3
IPI	9,7	9,2	8,3	8,5	9,3	9,5	7,5	7,1	6,6	6,3	5,8	5,2	4,8	4,5	3,7	3,2	3,2	3,2
Cofins	3,4	4,6	5,4	6,1	4,0	5,3	8,6	8,3	7,6	7,1	6,6	10,1	10,5	10,9	10,3	10,3	11,8	11,5
PIS/Pasep	2,6	2,7	4,0	4,1	4,3	4,5	3,6	3,1	3,1	2,8	2,6	3,1	2,6	2,7	2,5	3,0	2,9	2,8
IPMF/CPMF						0,3	3,6			2,7	3,0	2,6	3,9	4,1	4,1	4,1	4,0	3,8
IOF	1,6	0,7	4,5	2,3	2,5	3,1	2,3	1,7	1,3	1,5	1,3	1,6	0,8	0,8	0,8	0,8	0,8	0,8
ISS	1,5	1,4	1,5	1,8	1,6	1,3	1,4	1,7	1,9	1,9	2,0	1,8	1,8	1,8	1,7	1,7	1,8	1,9
Impostos únicos	2,4	0,6	0,1	0,1	0,0													
Patrimônio	0,9	0,5	1,0	2,1	1,4	1,0	1,3	2,7	2,9	3,2	3,3	3,0	3,0	2,9	2,8	2,8	2,8	2,8
IPTU	0,6	0,3	0,6	1,4	0,9	0,6	0,7	1,4	1,5	1,4	1,6	1,5	1,5	1,4	1,4	1,4	1,4	1,3
IPVA	0,3	0,2	0,3	0,6	0,5	0,4	0,6	1,3	1,4	1,7	1,6	1,5	1,4	1,5	1,4	1,4	1,3	1,4
ITR	0,0	0,0	0,0	0,1	0,0	0,0	0,0	0,1	0,1	0,1	0,1	0,1	0,1	0,0	0,0	0,0	0,0	0,0
Renda	20,8	21,4	19,7	16,5	19,6	18,0	16,1	19,3	16,3	15,5	17,5	17,0	16,9	17,4	18,9	18,9	18,0	19,4
IR	20,8	20,5	17,8	15,4	16,7	14,9	12,9	16,3	13,6	12,7	15,1	14,8	14,6	15,3	16,4	16,1	15,0	16,1
CSLL		0,9	1,9	1,1	2,9	3,1	3,2	3,1	2,7	2,8	2,4	2,2	2,4	2,1	2,5	2,8	3,0	3,3
Folha salarial	23,6	25,0	22,8	22,4	22,8	25,0	22,2	21,8	23,0	22,2	23,4	21,7	20,3	19,8	18,6	18,7	18,6	18,4
Previdência social[1]	19,6	19,2	17,7	17,3	17,6	20,1	16,2	16,6	17,8	17,2	17,2	16,0	15,2	14,8	14,0	14,2	14,3	14,1
FGTS	4,0	5,9	5,1	5,1	5,1	4,8	6,0	5,1	5,1	5,0	6,2	5,7	5,1	5,0	4,5	4,5	4,3	4,3
Demais[2]	7,8	5,7	6,3	7,6	7,2	6,8	7,0	6,9	10,5	11,7	9,6	8,9	10,6	11,1	13,9	14,0	13,7	14,0

Fontes: Séries produzidas no âmbito da extinta Secretaria para Assuntos Fiscais do BNDES e Afonso e Meirelles (2006).
* Estimativa preliminar.
[1] Inclui apenas as contribuições para o regime geral de previdência (INSS).
[2] A linha "Demais" inclui tributos não-classificáveis nos grupamentos considerados e/ou de pequena importância na arrecadação.

Tabela A11
Composição da carga tributária sobre bens e serviços – 1980-2005 (em % do PIB)

Ano	Total A = B + C	Valor adicionado B	Má qualidade C = C1 +...+ C3	Contribuições sociais C1	Transações específicas C2	Híbridos C3
1988	10,09	7,50	2,59	1,36	1,23	
1989	11,00	8,62	2,38	1,75	0,63	
1990	14,06	9,63	4,43	2,68	1,75	
1991	12,54	8,90	3,64	2,60	1,05	
1992	11,85	8,74	3,11	2,09	1,02	
1993	12,24	8,49	3,76	2,61	1,15	
1994	15,35	9,55	5,81	4,69	1,12	
1995	13,73	9,38	4,35	3,34	1,01	
1996	13,21	9,18	4,03	3,12	0,91	
1997	13,40	8,71	4,70	3,71	0,98	
1998	12,99	8,39	4,60	3,61	0,99	
1999	14,83	8,73	6,10	5,03	1,07	
2000	15,63	9,07	6,57	5,68	0,89	
2001	16,37	9,26	7,12	6,17	0,94	
2002	16,16	9,02	7,13	6,21	0,92	
2003	15,81	8,68	7,14	5,17	0,90	1,06
2004	16,85	8,92	7,93	1,49	0,97	5,47
2005*	17,25	9,16	8,10	1,50	1,03	5,57

Fontes: Séries produzidas no âmbito da extinta Secretaria para Assuntos Fiscais do BNDES e Afonso e Meirelles (2006).
* Estimativa preliminar.
Notas metodológicas (as letras correspondem às rubricas listadas na tabela).
Item B = Inclui ICMS e IPI.
Item C1 = Até 2002, inclui PIS/Pasep, Cofins e CPMF.
Item C2 = Inclui impostos únicos (até 1992), ISS e IOF.
Item C3 = Em 2003, inclui apenas PIS/Pasep; em 2004 e 2005, foram computados o PIS/Pasep e a Cofins.

Tabela A12
Composição da carga tributária sobre bens e serviços – 1980-2005 (em % da arrecadação sobre bens e serviços)

Ano	Total A = B + C	Valor adicionado B	Má qualidade C = C1 +...+ C3	Contribuições sociais C1	Transações específicas C2	Híbridos C3
1988	100,0	74,4	25,6	13,5	12,1	
1989	100,0	78,4	21,6	15,9	5,7	
1990	100,0	68,5	31,5	19,1	12,4	
1991	100,0	71,0	29,0	20,7	8,3	
1992	100,0	73,8	26,2	17,6	8,6	
1993	100,0	69,3	30,7	21,3	9,4	
1994	100,0	62,2	37,8	30,5	7,3	
1995	100,0	68,3	31,7	24,4	7,3	
1996	100,0	69,5	30,5	23,6	6,9	
1997	100,0	65,0	35,0	27,7	7,3	
1998	100,0	64,6	35,4	27,8	7,6	
1999	100,0	58,9	41,1	33,9	7,2	
2000	100,0	58,0	42,0	36,3	5,7	
2001	100,0	56,5	43,5	37,7	5,8	
2002	100,0	55,8	44,2	38,4	5,7	
2003	100,0	54,9	45,1	32,7	5,7	6,7
2004	100,0	53,0	47,0	8,9	5,7	32,4
2005*	100,0	53,1	46,9	8,7	6,0	32,3

Fontes: Séries produzidas no âmbito da extinta Secretaria para Assuntos Fiscais do BNDES e Afonso e Meirelles (2006).
* Estimativa preliminar.
Notas metodológicas (letras correspondem às rubricas listadas na tabela).
Item B = Inclui ICMS e IPI.
Item C1 = Até 2002, inclui PIS/Pasep, Cofins e CPMF.
Item C2 = Inclui impostos únicos (até 1992), ISS e IOF.
Item C3 = Em 2003, inclui apenas PIS/Pasep; em 2004 e 2005, foram computados o PIS/Pasep e a Cofins.

Tabela A13
Arrecadação setorial dos principais tributos administrados pela SRF – 2005 (R$ milhões correntes)

Setores econômicos	Total	II	IE	IPI	IR	IOF	ITR	CPMF	Cofins	PIS/Pasep	CSLL	Demais
Total	322.426,2	8.904,2	60,0	26.112,8	115.884,1	6.096,9	124,0	29.207,2	82.887,1	20.640,3	24.868,6	7.641,0
1. Agricultura, pecuária	758,4	6,3	0,0	7,4	319,9	5,1	31,4	0,2	215,0	45,5	96,9	30,6
2. Silvicultura, exploração florestal	300,0	0,6	0,0	0,5	111,5	1,7	12,5	0,0	102,7	22,4	39,3	8,6
5. Pesca, aqüicultura	16,3	0,4		0,2	6,0	0,0	0,1		5,4	0,9	2,3	1,0
10. Extração de carvão mineral	17,3	0,0		0,7	8,1	0,0	0,1		3,9	0,9	1,5	2,1
11. Extração de petróleo e serviços correlatos	552,8	75,4		46,4	224,3	0,5	0,2		145,5	30,9	13,9	15,7
13. Extração de minerais metálicos	2.708,9	35,5		36,1	1.757,5	5,5	5,5	0,0	243,0	46,3	506,3	73,3
14. Extração de minerais não-metálicos	308,6	5,5	0,0	4,7	109,8	0,8	1,1	0,0	105,9	22,2	45,2	13,4
15. Fabricação de produtos alimentícios e bebidas	9.269,4	189,8	13,3	2.362,0	2.293,4	41,2	5,8	78,8	2.796,3	603,7	652,2	233,1
16. Fabricação de produtos do fumo	2.005,2	12,6		817,8	420,7	0,3	0,0	0,0	352,1	88,8	125,4	187,5
17. Fabricação de produtos têxteis	1.849,2	187,6		75,5	464,7	2,7	0,3	0,8	754,2	165,2	154,2	44,0
18. Confecção de artigos do vestuário e acessórios	1.071,1	36,0		20,8	233,9	0,2	0,0	0,3	493,5	100,2	155,0	31,2
19. Preparação de couros e calçados	771,1	33,0	43,0	26,8	190,1	0,5	0,1	0,1	315,4	63,7	90,6	7,7
20. Fabricação de produtos de madeira	866,9	13,2	0,0	247,4	214,3	0,6	2,1	0,1	230,8	47,8	93,7	16,9
21. Fabricação de celulose, papel e produtos de papel	3.236,6	102,1		650,9	1.084,5	1,3	3,1	8,9	828,0	156,2	323,6	78,0
22. Edição, impressão e reprodução de gravações	2.184,8	40,6	0,0	420,1	702,0	8,3	0,3	1,3	633,5	140,2	162,7	75,8
23. Fabricação de coque, refino de petróleo, combustíveis nucleares e álcool	23.482,5	47,2		39,5	8.567,5	18,0	1,5	0,8	9.602,0	2.199,6	2.692,4	314,0
24. Fabricação de produtos químicos	14.722,3	1.203,5	0,0	2.249,1	4.108,7	31,4	0,8	3,4	4.883,9	1.034,2	967,5	239,8
25. Fabricação de artigos de borracha e plástico	4.829,4	302,4		1.366,9	887,9	2,3	0,1	1,4	1.543,7	327,9	289,5	107,4

Continua

Setores econômicos	Total	II	IE	IPI	IR	IOF	ITR	CPMF	Cofins	PIS/Pasep	CSLL	Demais
26. Fabricação de produtos de minerais não-metálicos	3.063,8	82,6	0,0	960,6	615,1	7,5	0,9	1,2	910,7	195,6	234,6	54,9
27. Metalurgia básica	9.277,3	163,6	0,0	1.790,4	3.161,0	18,1	2,7	0,2	2.352,4	537,3	1.158,6	93,0
28. Fabricação de produtos de metal – exclusive máquinas e equipamentos	3.483,2	138,5		864,2	804,4	2,5	0,1	0,9	1.071,1	232,9	299,3	69,2
29. Fabricação de máquinas e equipamentos	5.495,0	590,4	0,0	1.221,6	1.338,2	6,8	0,2	2,0	1.556,5	341,2	347,9	90,2
30. Fabricação de máquinas para escritório e equipamentos de informática	1.901,1	345,4		564,6	167,7	0,1	0,0		629,8	138,4	33,7	21,4
31. Fabricação de máquinas, aparelhos e materiais elétricos	2.774,1	318,4	0,0	739,6	573,3	3,5	0,2	0,2	793,5	179,2	121,2	44,9
32. Fabricação de material eletrônico e de aparelhos e equip. de comunicações	3.107,5	454,1		572,9	599,2	10,2	0,0	0,2	1.031,9	222,4	139,5	77,0
33. Fabricação de equipamento de instrumentação médico-hospitalar	862,4	89,6		143,5	208,6	0,4	0,0	0,2	279,6	60,5	67,4	12,7
34. Fabricação e montagem de veículos automotores, reboques e carrocerias	13.474,4	1.367,3		5.004,5	2.269,4	21,4	0,1	5,8	3.527,1	730,6	387,7	160,5
35. Fabricação de outros equipamentos de transporte	1.287,9	56,3		67,5	481,7	7,3	0,0	0,1	444,0	100,1	83,5	47,4
36. Fabricação de móveis e indústrias diversas	1.340,5	57,1		311,4	283,7	0,1	0,2	0,0	449,3	93,1	117,3	28,4
37. Reciclagem	109,5	0,5		11,7	29,2	0,6	0,0	0,0	43,5	9,4	13,3	1,4
40. Eletricidade, gás e água quente	14.051,4	14,7		12,1	4.948,6	35,4	25,1	6,5	6.105,2	1.327,0	1.269,5	307,1
41. Captação, tratamento e distribuição de água	2.178,7	0,1		0,0	815,7	0,1	0,1		925,2	194,4	162,4	80,7
45. Construção	4.006,4	18,7	0,0	16,2	1.360,2	9,7	1,5	1,2	1.581,5	344,4	464,3	208,8
50. Comércio e reparação de veículos autom. e moto; e com a varejo de comb.	4.383,4	183,5	0,0	500,7	1.130,2	3,6	0,3	4,8	1.432,0	281,4	723,8	123,2
51. Comércio por atacado e intermediários do comércio	21.155,6	2.254,2	3,5	4.358,2	4.032,8	16,9	1,2	7,6	7.145,8	1.511,2	1.364,1	459,9
52. Comércio varejista e reparação de objetos pessoais e domésticos	12.706,5	195,9	0,0	229,2	3.174,4	10,8	0,6	11,9	5.924,9	1.082,4	1.609,1	467,4

Continua

Anexo estatístico

Setores econômicos	Total	II	IE	IPI	IR	IOF	ITR	CPMF	Cofins	PIS/Pasep	CSL	Demais
55. Alojamento e alimentação	1.400,5	1,5		2,5	331,1	2,0	0,1	0,0	717,4	129,7	168,2	47,8
60. Transporte terrestre	3.851,3	16,5		7,8	1.038,3	4,0	0,5	1,9	1.859,0	403,0	361,4	158,8
61. Transporte aquaviário	473,1	1,6		0,8	234,3	0,6	0,0	0,3	125,1	28,9	70,9	10,6
62. Transporte aéreo	835,2	14,4		11,5	433,8	2,5	0,0	3,1	210,5	52,3	64,6	42,5
63. Atividades anexas e auxiliares do transporte	2.293,6	22,4	0,0	26,5	912,8	1,7	0,4	0,4	802,4	181,1	268,7	77,1
64. Correio e telecomunicações	9.295,3	66,0		75,5	3.604,2	17,5	0,0	2,1	3.659,8	809,5	784,9	275,6
65. Intermediação financeira	73.676,1	3,7	0,0	2,3	26.292,9	4.915,5	2,6	28.856,8	6.441,8	1.754,3	3.314,2	2.092,0
66. Seguros e previdência privada	7.591,4	0,2		1,2	5.063,2	756,8	0,4	54,0	951,3	184,3	430,6	149,3
67. Atividades auxiliares da intermediação financeira	5.396,4	0,6		0,1	4.430,4	33,8	0,0	101,8	406,4	79,0	314,1	30,3
70. Atividades imobiliárias	2.026,0	0,9	0,0	2,4	845,9	4,5	3,9	3,7	613,8	170,3	336,6	43,9
71. Aluguel de veículos, máquinas e equipamentos sem condutores	645,8	5,9		9,0	247,2	0,8	0,0	0,0	217,5	71,2	77,8	16,5
72. Atividades de informática e conexas	2.390,5	55,9	0,0	119,2	1.174,6	3,3	0,0	0,3	585,8	128,2	234,4	88,8
73. Pesquisa e desenvolvimento	211,4	4,1		1,6	174,0	0,2	0,3	0,0	16,9	6,6	5,2	2,6
74. Serviços prestados principalmente às empresas	16.296,8	57,7	0,0	81,5	7.809,7	61,7	6,9	16,2	4.447,1	997,1	2.433,7	385,2
75. Administração pública, defesa e seguridade social	12.622,2	2,6		0,2	9.474,1	5,2	8,5	0,0	539,4	2.252,1	248,7	91,2
80. Educação	2.700,0	1,9		2,2	2.070,8	0,8	0,2	0,6	264,5	194,8	99,8	64,3
85. Saúde e serviços sociais	3.197,7	10,5	0,0	7,3	1.791,5	1,3	0,1	1,1	687,0	227,5	375,6	95,8
88. Não-classificada	39,0	0,2		0,6	16,3	0,9	0,8	0,0	9,6	1,9	4,8	3,9
90. Limpeza urbana e esgoto; e atividades conexas	249,2	0,1		0,0	86,0	1,3	0,1		105,1	22,4	23,0	11,2
91. Atividades associativas	1.576,6	2,0	0,0	2,2	1.234,0	3,2	0,6	25,8	113,5	113,8	21,5	59,9
92. Atividades recreativas, culturais e desportivas	1.883,6	12,4	0,0	16,6	867,3	3,7	0,2	0,2	589,9	141,1	192,0	60,3
93. Serviços pessoais	162,3	0,3		0,3	51,3	0,0	0,0	0,1	63,9	13,0	28,5	4,9
95. Serviços domésticos	0,3			0,0	0,1				0,1	0,0	0,1	0,0
99. Organismos internacionais e outras instituições	2,4	0,1		0,0	2,1		0,0		0,1	0,1	0,0	0,1

Fonte: SRF (Sistema Angela).
Nota: A arrecadação total e a arrecadação por tributo são distintas da apresentada em outras tabelas porque nem toda receita é distribuída por setor.

Tabela A14
Arrecadação setorial dos principais tributos administrados pela SRF – 2005
(% da distribuição da arrecadação por setor econômico)

Setores econômicos	Total	II	IE	IPI	IR	IOF	ITR	CPMF	Cofins	PIS/Pasep	CSLL	Demais
Total	100,0	100,0	100,0	100,0	100,0	100,0	100,0	100,0	100,0	100,0	100,0	100,0
1. Agricultura, pecuária	0,2	0,1	0,0	0,0	0,3	0,1	25,4	0,0	0,3	0,2	0,4	0,4
2. Silvicultura, exploração florestal	0,1	0,0	0,0	0,0	0,1	0,0	10,1	0,0	0,1	0,1	0,2	0,1
5. Pesca, aqüicultura	0,0	0,0		0,0	0,0	0,0	0,1		0,0	0,0	0,0	0,0
10. Extração de carvão mineral	0,0	0,0		0,0	0,0	0,0	0,1		0,0	0,0	0,0	0,0
11. Extração de petróleo e serviços correlatos	0,2	0,8		0,2	0,2	0,0	0,2	0,0	0,2	0,2	0,1	0,2
13. Extração de minerais metálicos	0,8	0,4		0,1	1,5	0,1	4,4	0,0	0,3	0,2	2,0	1,0
14. Extração de minerais não-metálicos	0,1	0,1	0,0	0,1	0,1	0,0	0,9	0,3	0,1	0,1	0,2	0,2
15. Fabricação de produtos alimentícios e bebidas	2,9	2,1	22,2	9,0	2,0	0,7	4,7	0,3	3,4	2,9	2,6	3,1
16. Fabricação de produtos do fumo	0,6	0,1		3,1	0,4	0,0	0,0	0,0	0,4	0,4	0,5	2,5
17. Fabricação de produtos têxteis	0,6	2,1		0,3	0,4	0,0	0,2	0,0	0,9	0,8	0,6	0,6
18. Confecção de artigos do vestuário e acessórios	0,3	0,4		0,1	0,2	0,0	0,0	0,0	0,6	0,5	0,6	0,4
19. Preparação de couros e calçados	0,2	0,4	71,7	0,1	0,2	0,0	0,1	0,0	0,4	0,3	0,4	0,1
20. Fabricação de produtos de madeira	0,3	0,1	0,0	0,9	0,2	0,0	1,7	0,0	0,3	0,2	0,4	0,2
21. Fabricação de celulose, papel e produtos de papel	1,0	1,1		2,5	0,9	0,0	2,5	0,0	1,0	0,8	1,3	1,0
22. Edição, impressão e reprodução de gravações	0,7	0,5	0,0	1,6	0,6	0,1	0,2	0,0	0,8	0,7	0,7	1,0
23. Fabricação de coque, refino de petróleo, combustíveis nucleares e álcool	7,3	0,5		0,2	7,4	0,3	1,2	0,0	11,6	10,7	10,8	4,1
24. Fabricação de produtos químicos	4,6	13,5	0,1	8,6	3,5	0,5	0,7	0,0	5,9	5,0	3,9	3,1
25. Fabricação de artigos de borracha e plástico	1,5	3,4		5,2	0,8	0,0	0,1	0,0	1,9	1,6	1,2	1,4
26. Fabricação de produtos de minerais não-metálicos	1,0	0,9	0,0	3,7	0,5	0,1	0,7	0,0	1,1	0,9	0,9	0,7
27. Metalurgia básica	2,9	1,8	0,0	6,9	2,7	0,3	2,1	0,0	2,8	2,6	4,7	1,2
28. Fabricação de produtos de metal – exclusive máquinas e equipamentos	1,1	1,6		3,3	0,7	0,0	0,1	0,0	1,3	1,1	1,2	0,9
29. Fabricação de máquinas e equipamentos	1,7	6,6	0,0	4,7	1,2	0,1	0,1	0,0	1,9	1,7	1,4	1,2
30. Fabricação de máquinas para escritório e equipamentos de informática	0,6	3,9		2,2	0,1	0,0	0,0	0,0	0,8	0,7	0,1	0,3
31. Fabricação de máquinas, aparelhos e materiais elétricos	0,9	3,6	0,0	2,8	0,5	0,1	0,1	0,0	1,0	0,9	0,5	0,6
32. Fabricação de material eletrônico e de aparelhos e equip. de comunicações	1,0	5,1		2,2	0,5	0,2	0,0	0,0	1,2	1,1	0,6	1,0
33. Fabricação de equipamento de instrumentação médico-hospitalar	0,3	1,0		0,5	0,2	0,0	0,0	0,0	0,3	0,3	0,3	0,2
34. Fabricação e montagem de veículos automotores, reboques e carrocerias	4,2	15,4		19,2	2,0	0,4	0,1	0,0	4,3	3,5	1,6	2,1

Continua

Anexo estatístico

Setores econômicos	Total	II	IE	IPI	IR	IOF	ITR	CPMF	Cofins	PIS/Pasep	CSLL	Demais
35. Fabricação de outros equipamentos de transporte	0,4	0,6		0,3	0,4	0,1	0,0	0,0	0,5	0,5	0,3	0,6
36. Fabricação de móveis e indústrias diversas	0,4	0,6		1,2	0,2	0,0	0,1	0,0	0,5	0,5	0,5	0,4
37. Reciclagem	0,0	0,0		0,0	0,0	0,0	0,0	0,0	0,1	0,0	0,1	0,0
40. Eletricidade, gás e água quente	4,4	0,2		0,0	4,3	0,6	20,3	0,0	7,4	6,4	5,1	4,0
41. Captação, tratamento e distribuição de água	0,7	0,0		0,0	0,7	0,0	0,1		1,1	0,9	0,7	1,1
45. Construção	1,2	0,2	0,0	0,1	1,2	0,2	1,2	0,0	1,9	1,7	1,9	2,7
50. Comércio e reparação de veículos autom. e moto; e com a varejo de comb.	1,4	2,1	0,0	1,9	1,0	0,1	0,2	0,0	1,7	1,4	2,9	1,6
51. Comércio por atacado e intermediários do comércio	6,6	25,3	5,8	16,7	3,5	0,3	1,0	0,0	8,6	7,3	5,5	6,0
52. Comércio varejista e reparação de objetos pessoais e domésticos	3,9	2,2	0,0	0,9	2,7	0,2	0,5	0,0	7,1	5,2	6,5	6,1
55. Alojamento e alimentação	0,4	0,0		0,0	0,3	0,0	0,1	0,0	0,9	0,6	0,7	0,6
60. Transporte terrestre	1,2	0,2		0,0	0,9	0,1	0,4	0,0	2,2	2,0	1,5	2,1
61. Transporte aquaviário	0,1	0,0		0,0	0,2	0,0	0,0	0,0	0,2	0,1	0,3	0,1
62. Transporte aéreo	0,3	0,2		0,0	0,4	0,0	0,0	0,0	0,3	0,3	0,3	0,6
63. Atividades anexas e auxiliares do transporte	0,7	0,3	0,0	0,1	0,8	0,0	0,3	0,0	1,0	0,9	1,1	1,0
64. Correio e telecomunicações	2,9	0,7		0,3	3,1	0,3	0,0	0,0	4,4	3,9	3,2	3,6
65. Intermediação financeira	22,9	0,0	0,0	0,0	22,7	80,6	2,1	98,8	7,8	8,5	13,3	27,4
66. Seguros e previdência privada	2,4	0,0		0,0	4,4	12,4	0,3	0,2	1,1	0,9	1,7	2,0
67. Atividades auxiliares da intermediação financeira	1,7	0,0		0,0	3,8	0,6	0,0	0,3	0,5	0,4	1,3	0,4
70. Atividades imobiliárias	0,6	0,0	0,0	0,0	0,7	0,1	3,1	0,0	0,7	0,8	1,4	0,6
71. Aluguel de veículos, máquinas e equipamentos sem condutores	0,2	0,1		0,0	0,2	0,0	0,0	0,0	0,3	0,3	0,3	0,2
72. Atividades de informática e conexas	0,7	0,6	0,0	0,5	1,0	0,1	0,0	0,0	0,7	0,6	0,9	1,2
73. Pesquisa e desenvolvimento	0,1	0,0		0,0	0,2	0,0	0,3	0,0	0,0	0,0	0,0	0,0
74. Serviços prestados principalmente às empresas	5,1	0,6	0,1	0,3	6,7	1,0	5,6	0,1	5,4	4,8	9,8	5,0
75. Administração pública, defesa e segurança social	3,9	0,0		0,0	8,2	0,1	6,9	0,0	0,7	10,9	1,0	1,2
80. Educação	0,8	0,0		0,0	1,8	0,0	0,2	0,0	0,3	0,9	0,4	0,8
85. Saúde e serviços sociais	1,0	0,1	0,0	0,0	1,5	0,0	0,1	0,0	0,8	1,1	1,5	1,3
88. Não-classificada	0,0	0,0		0,0	0,0	0,0	0,6	0,0	0,0	0,0	0,0	0,1
90. Limpeza urbana e esgoto; e atividades conexas	0,1	0,0		0,0	0,1	0,0	0,1		0,1	0,1	0,1	0,1
91. Atividades associativas	0,5	0,0	0,0	0,0	1,1	0,1	0,5	0,1	0,1	0,6	0,1	0,8
92. Atividades recreativas, culturais e desportivas	0,6	0,1	0,0	0,1	0,7	0,1	0,2	0,0	0,7	0,7	0,8	0,8
93. Serviços pessoais	0,1	0,0		0,0	0,0	0,0	0,0	0,0	0,1	0,1	0,1	0,1
95. Serviços domésticos	0,0			0,0	0,0				0,0	0,0	0,0	0,0
99. Organismos internacionais e outras instituições	0,0	0,0		0,0	0,0		0,0		0,0	0,0	0,0	0,0

Fonte: SRF (Sistema Angela).
Nota: A arrecadação total e a arrecadação por tributo são distintas da apresentada em outras tabelas porque nem toda receita é distribuída por setor.

Tabela A15
Divisão federativa da arrecadação direta – 1988-2005

	% do PIB					% do total			
Ano	Total	F	E	M	Ano	Total	F	E	M
1988	22,43	16,08	5,74	0,61	1988	100,0	71,7	25,6	2,7
1989	24,13	16,27	7,20	0,66	1989	100,0	67,4	29,9	2,7
1990	28,78	19,29	8,52	0,97	1990	100,0	67,0	29,6	3,4
1991	25,24	16,01	7,86	1,36	1991	100,0	63,4	31,2	5,4
1992	25,01	16,54	7,27	1,20	1992	100,0	66,1	29,1	4,8
1993	25,78	17,70	6,86	1,22	1993	100,0	68,7	26,6	4,7
1994	29,75	20,18	8,05	1,52	1994	100,0	67,8	27,1	5,1
1995	29,41	19,40	8,42	1,59	1995	100,0	66,0	28,6	5,4
1996	29,09	19,57	8,06	1,46	1996	100,0	67,3	27,7	5,0
1997	29,56	19,57	8,52	1,47	1997	100,0	66,2	28,8	5,0
1998	29,64	19,86	8,16	1,62	1998	100,0	67,0	27,5	5,5
1999	31,71	21,59	8,53	1,59	1999	100,0	68,1	26,9	5,0
2000	33,36	22,25	9,22	1,89	2000	100,0	66,7	27,6	5,7
2001	35,12	23,52	9,69	1,90	2001	100,0	67,0	27,6	5,4
2002	36,63	25,04	9,59	2,00	2002	100,0	68,4	26,2	5,5
2003	35,85	24,23	9,56	2,06	2003	100,0	67,6	26,7	5,8
2004	37,03	25,10	9,82	2,11	2004	100,0	67,8	26,5	5,7
2005*	38,94	26,62	10,13	2,19	2005*	100,0	68,4	26,0	5,6

Fontes: Séries produzidas no âmbito da extinta Secretaria para Assuntos Fiscais do BNDES e Afonso e Meirelles (2006).
* Estimativa preliminar.
F = federal; E = estadual; M = municipal.

Tabela A16
Divisão federativa da arrecadação direta – 1988-2005

	R$ bilhões a preços médios de 2005 (deflator implícito do PIB)					% do total			
Ano	Total	F	E	M	Ano	Total	F	E	M
1988	304,3	218,1	77,9	8,3	1988	100,0	71,7	25,6	2,7
1989	337,8	227,7	100,8	9,2	1989	100,0	67,4	29,9	2,7
1990	385,3	258,3	114,0	13,0	1990	100,0	67,0	29,6	3,4
1991	341,4	216,6	106,4	18,5	1991	100,0	63,4	31,2	5,4
1992	336,5	222,5	97,8	16,1	1992	100,0	66,1	29,1	4,8
1993	363,9	249,9	96,8	17,2	1993	100,0	68,7	26,6	4,7
1994	444,5	301,5	120,3	22,8	1994	100,0	67,8	27,1	5,1
1995	458,0	302,2	131,1	24,7	1995	100,0	66,0	28,6	5,4
1996	465,1	312,8	128,9	23,4	1996	100,0	67,3	27,7	5,0
1997	488,0	323,1	140,7	24,2	1997	100,0	66,2	28,8	5,0
1998	490,0	328,4	134,9	26,8	1998	100,0	67,0	27,5	5,5
1999	528,4	359,7	142,2	26,5	1999	100,0	68,1	26,9	5,0
2000	580,1	386,9	160,3	32,9	2000	100,0	66,7	27,6	5,7
2001	618,6	414,4	170,8	33,5	2001	100,0	67,0	27,6	5,4
2002	657,8	449,6	172,3	35,9	2002	100,0	68,4	26,2	5,5
2003	647,3	437,5	172,6	37,2	2003	100,0	67,6	26,7	5,8
2004	701,5	475,5	186,1	39,9	2004	100,0	67,8	26,5	5,7
2005*	754,4	515,7	196,2	42,5	2005*	100,0	68,4	26,0	5,6

Fontes: Séries produzidas no âmbito da extinta Secretaria para Assuntos Fiscais do BNDES e Afonso e Meirelles (2006).
* Estimativa preliminar.
F = federal; E = estadual; M = municipal.

Tabela A17
Divisão federativa da receita disponível – 1988-2005

	% do PIB					% do total			
Ano	Total	F	E	M	Ano	Total	F	E	M
1988	22,43	13,48	5,97	2,98	1988	100,0	60,1	26,6	13,3
1989	24,13	14,62	6,09	3,42	1989	100,0	60,6	25,2	14,2
1990	28,78	16,55	8,14	4,09	1990	100,0	57,5	28,3	14,2
1991	25,24	13,70	7,52	4,02	1991	100,0	54,3	29,8	15,9
1992	25,01	14,18	7,07	3,77	1992	100,0	56,7	28,3	15,1
1993	25,78	14,90	6,81	4,07	1993	100,0	57,8	26,4	15,8
1994	29,75	17,65	7,47	4,64	1994	100,0	59,3	25,1	15,6
1995	29,41	16,52	8,00	4,88	1995	100,0	56,2	27,2	16,6
1996	29,09	16,30	8,04	4,75	1996	100,0	56,0	27,6	16,3
1997	29,56	16,62	8,18	4,76	1997	100,0	56,2	27,7	16,1
1998	29,64	16,66	7,89	5,09	1998	100,0	56,2	26,6	17,2
1999	31,71	18,08	8,25	5,39	1999	100,0	57,0	26,0	17,0
2000	33,36	18,61	8,77	5,98	2000	100,0	55,8	26,3	17,9
2001	35,12	19,74	9,35	6,02	2001	100,0	56,2	26,6	17,2
2002	36,63	20,94	9,38	6,31	2002	100,0	57,2	25,6	17,2
2003	35,85	20,47	9,18	6,20	2003	100,0	57,1	25,6	17,3
2004	37,03	21,39	9,35	6,29	2004	100,0	57,8	25,3	17,0
2005*	38,94	22,43	9,82	6,68	2005*	100,0	57,6	25,2	17,2

Fontes: Séries produzidas no âmbito da extinta Secretaria para Assuntos Fiscais do BNDES e Afonso e Meirelles (2006).
* Estimativa preliminar.
F = federal; E = estadual; M = municipal.

Tabela A18
Divisão federativa da receita disponível – 1988-2005

	R$ bilhões a preços médios de 2005 (deflator implícito do PIB)					% do total			
Ano	Total	F	E	M	Ano	Total	F	E	M
1988	304,3	182,9	81,0	40,5	1988	100,0	60,1	26,6	13,3
1989	337,8	204,7	85,2	47,9	1989	100,0	60,6	25,2	14,2
1990	385,3	221,6	109,0	54,7	1990	100,0	57,5	28,3	14,2
1991	341,4	185,3	101,7	54,4	1991	100,0	54,3	29,8	15,9
1992	336,5	190,7	95,1	50,7	1992	100,0	56,7	28,3	15,1
1993	363,9	210,3	96,1	57,5	1993	100,0	57,8	26,4	15,8
1994	444,5	263,7	111,6	69,3	1994	100,0	59,3	25,1	15,6
1995	458,0	257,3	124,7	76,0	1995	100,0	56,2	27,2	16,6
1996	465,1	260,7	128,5	75,9	1996	100,0	56,0	27,6	16,3
1997	488,0	274,3	135,0	78,7	1997	100,0	56,2	27,7	16,1
1998	490,0	275,5	130,4	84,2	1998	100,0	56,2	26,6	17,2
1999	528,4	301,2	137,4	89,8	1999	100,0	57,0	26,0	17,0
2000	580,1	323,6	152,5	104,0	2000	100,0	55,8	26,3	17,9
2001	618,6	347,8	164,7	106,1	2001	100,0	56,2	26,6	17,2
2002	657,8	376,0	168,5	113,3	2002	100,0	57,2	25,6	17,2
2003	647,3	369,5	165,7	112,0	2003	100,0	57,1	25,6	17,3
2004	701,5	405,1	177,1	119,2	2004	100,0	57,8	25,3	17,0
2005*	754,4	434,7	190,3	129,4	2005*	100,0	57,6	25,2	17,2

Fontes: Séries produzidas no âmbito da extinta Secretaria para Assuntos Fiscais do BNDES e Afonso e Meirelles (2006).
* Estimativa preliminar.
F = federal; E = estadual; M = municipal.

Tabela A19
Receita disponível por esfera de governo e principais tributos – 1988-2005 (em % do PIB)

		1988	1989	1990	1991	1992	1993	1994	1995	1996	1997	1998	1999	2000	2001	2002	2003	2004	2005*
A = B + C	Total	22,43	24,13	28,78	25,24	25,01	25,78	29,75	29,41	29,09	29,56	29,64	31,71	33,36	35,12	36,63	35,85	37,03	38,94
B = B1 – B2	União	13,48	14,62	16,55	13,70	14,18	14,90	17,65	16,52	16,30	16,62	16,66	18,08	18,61	19,74	20,94	20,47	21,39	22,43
B1 = B1.1 +...+ B1.4	Arrecadação tributária própria	16,08	16,27	19,29	16,01	16,54	17,70	20,18	19,40	19,57	19,57	19,86	21,59	22,25	23,52	25,04	24,23	25,10	26,62
B1.1	Impostos	8,17	7,89	9,24	7,07	7,53	7,55	7,26	8,13	6,82	6,67	7,32	7,69	7,02	7,52	7,89	7,27	7,14	7,83
B1.2	Contribuições sociais gerais	1,36	1,96	3,23	2,87	2,82	3,40	5,66	4,25	3,91	4,54	4,32	5,73	6,46	6,92	7,13	7,24	8,05	8,35
B1.3	INSS + FGTS	5,29	6,04	6,56	5,66	5,69	6,44	6,59	6,41	6,68	6,55	6,94	6,88	6,76	6,97	6,81	6,70	6,88	7,17
B1.4	Demais	1,26	0,37	0,26	0,40	0,51	0,31	0,67	0,62	2,15	1,81	1,28	1,29	2,00	2,11	3,22	3,02	3,03	3,27
B2	Transferências	2,60	1,64	2,74	2,31	2,36	2,80	2,53	2,88	3,26	2,96	3,20	3,51	3,64	3,78	4,10	3,76	3,72	4,18
C = C1 + C2	Subnacional	8,95	9,51	12,23	11,54	10,83	10,88	12,10	12,89	12,79	12,94	12,98	13,63	14,75	15,37	15,69	15,39	15,64	16,50
C1 = C1.1 +...+ C1.5	Arrecadação tributária própria	6,35	7,86	9,49	9,23	8,47	8,08	9,57	10,01	9,52	9,99	9,78	10,13	11,11	11,60	11,59	11,62	11,93	12,32
C1.1	ICMS	5,34	6,41	7,24	6,76	6,42	6,04	7,33	7,30	7,25	6,85	6,67	7,08	7,47	7,69	7,65	7,53	7,73	7,92
C1.2	IPVA	0,06	0,05	0,09	0,15	0,13	0,11	0,18	0,37	0,40	0,52	0,49	0,47	0,48	0,52	0,52	0,49	0,50	0,54
C1.3	ISS	0,33	0,33	0,43	0,44	0,41	0,35	0,43	0,51	0,54	0,55	0,60	0,56	0,61	0,65	0,63	0,62	0,67	0,73
C1.4	IPTU	0,14	0,07	0,18	0,37	0,22	0,15	0,21	0,41	0,43	0,41	0,46	0,47	0,50	0,49	0,51	0,51	0,52	0,52
C1.5	Demais	0,48	1,01	1,55	1,51	1,29	1,43	1,43	1,41	0,90	1,66	1,56	1,54	2,05	2,26	2,29	2,47	2,50	2,62
C2 = C2.1 +...+ C2.4	Transferências	2,60	1,64	2,74	2,31	2,36	2,80	2,53	2,88	3,26	2,96	3,20	3,51	3,64	3,78	4,10	3,76	3,72	4,18
C2.1	FPE + FPM	1,47	1,64	2,51	2,09	2,16	2,37	2,28	2,45	2,30	2,31	2,15	2,25	2,27	2,45	2,70	2,43	2,36	2,69
C2.2	FPEx + Lei Kandir			0,23	0,21	0,20	0,22	0,21	0,21	0,27	0,29	0,34	0,46	0,43	0,39	0,37	0,31	0,27	0,26
C2.3	Fundef											0,49	0,56	0,52	0,54	0,57	0,50	0,49	0,54
C2.4	Não-classificadas	1,12			0,01	0,00	0,21	0,04	0,23	0,70	0,36	0,22	0,24	0,41	0,40	0,46	0,52	0,60	0,70
	Memória de cálculo																		
	PIB – R$ bilhões correntes	0,0	0,0	0,0	0,1	0,6	14,1	349,2	646,2	778,9	870,7	914,2	973,8	1.101,3	1.198,7	1.346,0	1.556,2	1.766,6	1.937,6

Fontes: Séries produzidas no âmbito da extinta Secretaria para Assuntos Fiscais do BNDES e Afonso e Meirelles (2006).
* Estimativa preliminar.
Notas metodológicas (as letras correspondem às rubricas listadas na tabela).
Item B1.2 = Inclui arrecadação de PIS/Pasep, Finsocial/Cofins, CSLL e IPMF/CPMF.
Itens B1.4 e C1.5 = Incluem impostos, taxas e contribuições não classificadas nas demais categorias.
Itens B2 e C2 = Incluem transferências constitucionais/legais da União para os estados e municípios.
Item C2.4 = Calculado por resíduo (C2.4 = C2 – C2.1 – C2.2 – C2.3).

Tabela A20
Receita disponível por esfera de governo e principais tributos – 1988-2005
(R$ bilhões a preços médios de 2005 – deflator implícito do PIB)

	1988	1989	1990	1991	1992	1993	1994	1995	1996	1997	1998	1999	2000	2001	2002	2003	2004	2005*
A = B + C Total	304,3	337,8	385,3	341,4	336,5	363,9	444,5	458,0	465,1	488,0	490,0	528,4	580,1	618,6	657,8	647,3	701,5	754,4
B = B1 - B2 União	182,9	204,7	221,6	185,3	190,7	210,3	263,7	257,3	260,7	274,3	275,5	301,2	323,6	347,8	376,0	369,5	405,1	434,7
B1 = B1.1 +...+ B1.4 Arrecadação tributária própria	218,1	227,7	258,3	216,6	222,5	249,9	301,5	302,2	312,8	323,1	328,4	359,7	386,9	414,4	449,6	437,5	475,5	515,7
B1.1 Impostos	110,9	110,4	123,7	95,7	101,2	106,6	108,5	126,6	109,0	110,1	121,0	128,1	122,1	132,4	141,6	131,2	135,2	151,8
B1.2 Contribuições sociais gerais	18,5	27,5	43,2	38,9	37,9	47,9	84,5	66,2	62,6	74,9	71,4	95,5	112,4	122,0	128,0	130,7	152,6	161,8
B1.3 INSS + FGTS	71,7	84,5	87,9	76,6	76,6	90,9	98,5	99,8	106,8	108,2	114,7	114,6	117,5	122,8	122,3	121,0	130,4	138,9
B1.4 Demais	17,1	5,2	3,5	5,4	6,8	4,4	10,0	9,6	34,4	29,9	21,2	21,5	34,9	37,2	57,7	54,5	57,3	63,3
B2 Transferências	35,3	23,0	36,7	31,3	31,8	39,5	37,8	44,9	52,1	48,8	52,9	58,5	63,2	66,6	73,6	67,9	70,4	81,1
C = C1 + C2 Subnacional	121,5	133,1	163,8	156,1	145,7	153,6	180,8	200,7	204,4	213,7	214,6	227,2	256,5	270,8	281,8	277,8	296,4	319,8
C1 = C1.1 +...+ C1.5 Arrecadação tributária própria	86,2	110,1	127,0	124,8	113,9	114,0	143,1	155,8	152,3	164,9	161,7	168,7	193,2	204,3	208,1	209,8	226,0	238,7
C1.1 ICMS	72,4	89,7	96,9	91,5	86,3	85,3	109,5	113,7	115,9	113,1	110,2	118,0	129,9	135,4	137,3	135,9	146,5	153,4
C1.2 IPVA	0,8	0,7	1,2	2,1	1,8	1,6	2,7	5,8	6,4	8,5	8,1	7,8	8,4	9,1	9,3	8,9	9,5	10,4
C1.3 ISS	4,5	4,6	5,7	6,0	5,5	4,9	6,4	7,9	8,7	9,1	10,0	9,4	10,6	11,4	11,3	11,1	12,7	14,1
C1.4 IPTU	1,9	1,0	2,4	4,9	3,0	2,1	3,2	6,4	6,9	6,8	7,7	7,8	8,8	8,6	9,2	9,3	9,9	10,1
C1.5 Demais	6,5	14,1	20,8	20,4	17,4	20,2	21,3	22,0	14,4	27,4	25,7	25,7	35,6	39,7	41,1	44,7	47,5	50,8
C2 = C2.1 +...+ C2.4 Transferências	35,3	23,0	36,7	31,3	31,8	39,5	37,8	44,9	52,1	48,8	52,9	58,5	63,2	66,6	73,6	67,9	70,4	81,1
C2.1 FPE + FPM	20,0	23,0	33,6	28,3	29,0	33,5	34,1	38,1	36,7	38,1	35,6	37,5	39,5	43,1	48,5	43,9	44,7	52,1
C2.2 FPEx + Lei Kandir			3,1	2,9	2,7	3,1	3,1	3,2	4,2	4,8	5,6	7,6	7,5	6,8	6,6	5,6	5,1	5,0
C2.3 Fundef											8,1	9,4	9,1	9,5	10,2	9,1	9,3	10,4
C2.4 Não-classificadas	15,3			0,1	0,0	2,9	0,6	3,6	11,2	6,0	3,7	3,9	7,2	7,1	8,3	9,4	11,4	13,5
Memória de cálculo																		
Deflator implícito do PIB (DI)	4690,0	3,7	3288,9	5	115,9	31	2245,7	2099	100,1	4,3	2,4	2,1	1,9	1,8	1,7	1,6	1,5	1,3	1,2	1,1	1,0

Fontes: Séries produzidas no âmbito da extinta Secretaria para Assuntos Fiscais do BNDES e Afonso e Meirelles (2006).
* Estimativa preliminar.
Notas metodológicas (as letras correspondem às rubricas listadas na tabela).
Item B1.2 = Inclui arrecadação de PIS/Pasep, Finsocial/Cofins, CSLL e IPMF/CPMF.
Itens B1.4 e C1.5 = Incluem impostos, taxas e contribuições não classificadas nas demais categorias.
Itens B2 e C2 = Incluem transferências constitucionais/legais da União para os estados e municípios.
Item C2.4 = Calculado por resíduo (C2.4 = C2 – C2.1 – C2.2 – C2.3).

Tabela A21
Receita disponível ampliada por esfera de governo e principais tributos – 1998-2005 (em % do PIB)

		1998	1999	2000	2001	2002	2003	2004	2005*
A = B + C	Total	29,64	31,71	33,36	35,12	36,63	35,85	37,03	38,94
B = B1 - B2	União	15,76	17,28	17,57	18,53	19,58	19,08	19,87	20,54
B1 = B1.1 +...+ B1.4	Arrecadação tributária própria	19,86	21,59	22,25	23,52	25,04	24,23	25,10	26,62
B1.1	Impostos	7,32	7,69	7,02	7,52	7,89	7,27	7,14	7,83
B1.2	Contribuições sociais gerais	4,32	5,73	6,46	6,92	7,13	7,24	8,05	8,35
B1.3	INSS + FGTS	6,94	6,88	6,76	6,97	6,81	6,70	6,88	7,17
B1.4	Demais	1,28	1,29	2,00	2,11	3,22	3,02	3,03	3,27
B2	Transferências para estados e municípios	4,10	4,30	4,68	4,99	5,47	5,15	5,23	6,07
C = C1 + C2	Subnacional	13,88	14,43	15,80	16,59	17,06	16,78	17,15	18,39
C1	Arrecadação tributária própria	9,78	10,13	11,11	11,60	11,59	11,62	11,93	12,32
C2 = C2.1 +...+ C2.4	Transferências recebidas da União	4,10	4,30	4,68	4,99	5,47	5,15	5,23	6,07
C2.1	FPE + FPM	2,15	2,25	2,27	2,45	2,70	2,43	2,36	2,69
C2.2 = c2.2.1 + c2.2.2	Compensação financeira	0,41	0,58	0,65	0,65	0,68	0,69	0,67	0,71
c2.2.1	FPEx + Lei Kandir	0,34	0,46	0,43	0,39	0,37	0,31	0,27	0,26
c2.2.2	Royalties	0,07	0,13	0,21	0,26	0,32	0,38	0,40	0,45
C2.3 = c2.3.1 + c2.3.2	Cooperação intergovernamental	1,00	1,18	1,27	1,37	1,46	1,44	1,58	1,70
c2.3.1	Fundef	0,49	0,56	0,52	0,54	0,57	0,50	0,49	0,54
c2.3.2	SUS	0,51	0,61	0,75	0,83	0,89	0,94	1,09	1,16
C2.4	Não-classificadas	0,54	0,29	0,50	0,52	0,62	0,59	0,62	0,97
Memória de cálculo									
	PIB – R$ bilhões correntes	914,2	973,8	1.101,3	1.198,7	1.346,0	1.556,2	1.766,6	937,6

* Estimativa preliminar.
Notas metodológicas (as letras correspondem às rubricas listadas na tabela).
Itens B1, B1.1 a B1.4 e C1 = Séries produzidas no âmbito da extinta Secretaria para Assuntos Fiscais do BNDES e Afonso e Meirelles (2006).
Item B1.1 = Inclui arrecadação de IR, IPI, II, IOF e ITR.
Item B1.2 = Inclui arrecadação de PIS/Pasep, Cofins, CSLL e CPMF.
Item B1.4 = Inclui impostos, taxas e contribuições não classificadas nos demais itens.
Item C1 = Inclui arrecadação de ICMS, IPVA, ISS, IPTU e outros tributos não-classificados.
Itens B2 e C2 = Valores extraídos da Execução Orçamentária da União (ver STN – Despesas da União por Grupo de Natureza).
Itens C2.1, c2.2.1 e c2.3.1 = Valores informados pela STN (transferências constitucionais para estados e municípios).
Item c2.2.2 = Valores informados pela Aneel e ANP. Inclui *royalties* e participações governamentais relativos à exploração de recursos hídricos e de petróleo.
Item c2.3.2 = Informado pela STN (não disponível na internet).
Item C2.4 = Calculado por resíduo (C2.4 = C2 - C2.1 - C2.2 - C2.3).

Tabela A22
Receita disponível ampliada por esfera de governo e principais tributos – 1998-2005
(R$ bilhões a preços médios de 2005 – deflator implícito do PIB)

		1998	1999	2000	2001	2002	2003	2004	2005*
A = B + C	Total	490,0	528,4	580,1	618,6	657,8	647,3	701,5	754,4
B = B1 - B2	União	260,5	288,0	305,4	326,4	351,5	344,4	376,5	398,0
B1 = B1.1 +...+ B1.4	Arrecadação tributária própria	328,4	359,7	386,9	414,4	449,6	437,5	475,5	515,7
B1.1	Impostos	121,0	128,1	122,1	132,4	141,6	131,2	135,2	151,8
B1.2	Contribuições sociais gerais	71,4	95,5	112,4	122,0	128,0	130,7	152,6	161,8
B1.3	INSS + FGTS	114,7	114,6	117,5	122,8	122,3	121,0	130,4	138,9
B1.4	Demais	21,2	21,5	34,9	37,2	57,7	54,5	57,3	63,3
B2	Transferências para estados e municípios	67,8	71,7	81,4	87,9	98,1	93,0	99,0	117,7
C = C1 + C2	Subnacional	229,5	240,4	274,7	292,2	306,3	302,9	325,0	356,4
C1	Arrecadação tributária própria	161,7	168,7	193,2	204,3	208,1	209,8	226,0	238,7
C2 = C2.1 +...+ C2.4	Transferências recebidas da União	67,8	71,7	81,4	87,9	98,1	93,0	99,0	117,7
C2.1	FPE + FPM	35,5	37,5	39,5	43,1	48,5	43,9	44,7	52,1
C2.2 = c2.2.1 + c2.2.2	Compensação financeira	6,8	9,7	11,2	11,5	12,3	12,4	12,6	13,7
c2.2.1	FPEx + Lei Kandir	5,6	7,6	7,5	6,8	6,6	5,6	5,1	5,0
c2.2.2	Royalties	1,2	2,1	3,7	4,6	5,7	6,8	7,6	8,8
C2.3 = c2.3.1 + c2.3.2	Cooperação intergovernamental	16,5	19,6	22,1	24,2	26,2	26,1	29,9	33,0
c2.3.1	Fundef	8,1	9,4	9,1	9,5	10,2	9,1	9,3	10,4
c2.3.2	SUS	8,4	10,2	13,0	14,7	16,0	16,9	20,6	22,6
C2.4	Não-classificadas	8,9	4,9	8,7	9,2	11,1	10,7	11,8	18,8
	Memória de cálculo								
	Deflator implícito do PIB (DI)	1,8	1,7	1,6	1,5	1,3	1,2	1,1	1,0

* Estimativa preliminar.
Notas metodológicas (as letras correspondem às rubricas listadas na tabela).
Itens B1, B1.1 a B1.4 e C1 = Séries produzidas no âmbito da extinta Secretaria para Assuntos Fiscais do BNDES e Afonso e Meirelles (2006).
Item B1.1 = Inclui arrecadação de IR, IPI, II, IOF e ITR.
Item B1.2 = Inclui arrecadação de PIS/Pasep, Cofins, CSLL e CPMF.
Item B1.4 = Inclui impostos, taxas e contribuições não classificadas nos demais itens.
Item C1 = Inclui arrecadação de ICMS, IPVA, ISS, IPTU e outros tributos não-classificados.
Itens B2 e C2 = Valores extraídos da Execução Orçamentária da União (ver STN – Despesas da União por Grupo de Natureza).
Itens C2.1, c2.2.1 e c2.3.1 = Valores informados pela STN (transferências constitucionais para estados e municípios).
Item c2.2.2 = Valores informados pela Aneel e ANP. Inclui royalties e participações governamentais relativos à exploração de recursos hídricos e de petróleo.
Item c2.3.2 = Informado pela STN (não disponível na internet).
Item C2.4 = Calculado por resíduo (C2.4 = C2 – C2.1 – C2.2 – C2.3).

markgraph

Rua Aguiar Moreira, 386 - Bonsucesso
Tel.: (21) 3868-5802   Fax: (21) 2270-9656
e-mail: markgraph@domain.com.br
Rio de Janeiro - RJ